Acredite, Você Pode

Jentenzen Franklin é um sonhador dos grandes sonhos de Deus! Seu livro *Acredite, Você Pode* lhe inspirará a sonhar como nunca antes e lhe preparará para alcançar tudo aquilo que Deus planejou para você.

— CRAIG GROESCHEL
PASTOR SÊNIOR, LIFECHURCH.TV
AUTOR DE *CHAZOWN*

Descobrir nossos sonhos e destinos em Deus é incrível, mas segui-los de todo o coração é algo mais poderoso ainda. Jentenzen Franklin é um grande amigo, um professor inspirador, e um sonhador. Sua sabedoria e experiência adquiridas na busca do seu chamado lhe inspirará a descobrir o sonho divino que Deus colocou em você!

— BRIAN HOUSTON
PASTOR SENIOR, HILLSONG CHURCH

Jentenzen faz um trabalho excepcional ao revelar a verdade fascinante e a seriedade dos sonhos dados por Deus e o papel vital que elas desempenham na conquista de nossos destinos. Onde quer que você esteja em sua jornada, esse livro lhe capacitará a encarar o processo, continuar escalando a montanha, e ter a certeza de que Ele está construindo caráter, fé, e força em você ao longo do caminho. É um livro bíblico, relacional e prático em sua totalidade e impactará você profundamente.

— JOHN BEVERE
AUTOR/CONFERENCISTA
MESSENGER INTERNATIONAL

Após conhecer Jesus Cristo, nada é mais importante do que alcançar o sonho de Deus para sua vida, pois é a razão pela qual existimos e o nosso propósito de vida. Quando você não o tem, fica apenas à deriva. É somente quando descobrimos por que nosso Pai nos criou e o que Ele quer fazer com a nossa vida que Deus faz sentido. Ele molda nossos sonhos, e depois estes nos moldam.

— RICK WARREN
PASTOR, SADDLEBACK CHURCH
AUTOR, *UMA VIDA COM PROPÓSITOS*

Se você precisa de encorajamento para manter seus sonhos vivos, de poder para fazê-los frutificar, ou se precisa lembrar-se de que Deus é fiel e não lhe esqueceu, esse livro é para você. Prepare-se para ser abençoado, ter sua vida transformada, e ver os sonhos de Deus se realizarem em sua vida enquanto lê essas páginas ungidas escritas pelo servo e homem de Deus Jentenzen Franklin.

— CECE WINANS
ARTISTA GOSPEL PREMIADO

Acredite, Você Pode

É TEMPO DE FAZER ACONTECER!

Jentezen Franklin

LAN
EDITORA
Rio de Janeiro, 2012
www.edilan.com.br

ACREDITE, VOCÊ PODE
por Jentezen Franklin
Editora Luz às Nações Ltda. ©2012

Coordenação Editorial: *Philip Murdoch*
Tradução: *Mylena de Araujo Cardoso*
Revisão: *Sidcley Vieira*
Projeto Gráfico e Diagramação: *Yan Aguiar*
Adaptação da Capa Original: *Yan Aguiar*
Impressão: *Sermográfica*

Originalmente publicado nos Estados Unidos em inglês, sob o título Believe that You Can, por Charisma House, Charisma Media/Charisma House Book Group, 600 Rinehart Road, Lake Mary, Florida 32746 sob o título Believe That You Can. Copyright (2008) por (Jentezen Franklin). Todos os direitos reservados. Disponível em outros idiomas por Charisma Media, 600 Rinehart Road, Lake Mary, FL 32746 USA. E-mail: charismahouse@charismamedia.com.

Exceto em caso de indicação em contrário, todas as citações bíblicas foram extraídas da Bíblia Sagrada Nova Versão Internacional, 2000, Editora Vida. Todos os direitos reservados. As demais versões foram traduzidas livremente do idioma inglês em função da inexistência de tradução no idioma português: "King James" e "The Message".

Todos os direitos reservados por Editora Luz às Nações Ltda. Rua Rancharia, 62, parte — Itanhangá — Rio de Janeiro, Brasil. CEP: 22753-070 Tel. (21) 2490-2551

CIP-BRASIL. CATALOGAÇÃO-NA-FONTE
SINDICATO NACIONAL DOS EDITORES DE LIVROS, RJ

F915a

Franklin, Jentezen, 1962-
Acredite, você pode : é tempo de fazer acontecer! / Jentezen Franklin ;
tradução: Mylena de Araujo Cardoso. - Rio de Janeiro : Luz às Nações, 2012.
196p. : 23 cm

Tradução de: Believe that you can
Inclui índice
ISBN 978-85-99858-45-5

1. Confiança em Deus. 2. Providência divina. 3. Vida cristã. 4. Fé. I. Título.

12-6426.   CDD: 248.4
                     CDU: 27-423.79

05.09.12 10.09.12   038609

Conteúdo

1. Escreva a Visão | 19

Seu sonho é uma visão muito específica para um resultado muito específico. Seu sonho é poderoso porque vem de Deus. Escreva-o assim que puder, e acompanhe-o passo a passo.

2. Descobrindo Sua Missão de Vida | 31

Os sonhos que vêm de Deus passam pelo processo de nascimento, morte, e ressurreição. Permita que a história de José lembre você dos estágios da jornada do seu sonho.

3. Você Alcançará a Visão | 49

Uma visão de Deus pode paralisar, enviar, fortalecer e esticar você. Permaneça apoiando-se na revelação a cada passo do caminho. Deus construirá sua confiança assim como ajudou Gideão a ver a si mesmo com novos olhos.

Agradecimentos

Gostaria de oferecer um agradecimento especial a minha preciosa esposa, Cherise, e aos nossos cinco filhos maravilhosos. Graças ao amor e ao apoio de vocês, eu acredito que eu posso.

Agradeço também àqueles que se esforçaram para tornar esse trabalho possível: Rich Hughes, minha equipe, e a equipe da Charisma House.

E, finalmente, agradeço à fiel congregação da Free Chapel e a todos os sócios do *Kingdom Connection*. Todas as coisas são possíveis àqueles que creem.

QUEM TEM DESTRUÍDO SEU SONHO?

Ouvi uma história sobre um casal da Carolina do Sul que morava nos pés das montanhas. Certo dia, enquanto caminhavam por ali, viram cogumelos selvagens crescendo por todos os lados, então decidiram arrancá-los e levá-los para casa. Convidaram alguns amigos para uma "festa do cogumelo". Não, eles não fumaram; comeram. Eles refogaram, fritaram e fizeram os cogumelos à milanesa. Fizeram omeletes de cogumelo, salada de cogumelo, e sopa de cogumelo. Inclusive, inventaram algumas sobremesas de cogumelo.

Após o jantar, enquanto todos os convidados estavam reunidos à mesa, curtindo um momento agradável, o anfitrião levou as sobras para a cozinha. Ele tinha um gato velho e preguiçoso, então resolveu alimentá-lo com o que restou da comida. O gato devorou os cogumelos.

Algum tempo depois, o anfitrião voltou à cozinha e encontrou o gato deitado no chão, ofegante e espumando pela boca. Ele imediatamente ligou para o veterinário, que o aconselhou a levar os convidados para a emergência rapidamente para fazer uma lavagem estomacal. O veterinário suspeitava que haviam arrancado fungos envenenados em vez de cogumelos.

Após ter ido ao hospital e terem o estômago bombeado, as pessoas finalmente voltaram às suas casas. O casal foi à cozinha esperando ver o gato deitado no chão sem vida, mas, o que viram foi o gato na esquina da cozinha com uma ninhada novinha de gatinhos!

Imagine! Você já passou por isso? O que eles achavam ser dor de morte era, na verdade, dor de nascimento! Pode parecer que seu sonho esteja espumando pela boca e ofegante quando, na realidade, você está mais perto de dar luz ao sonho do que antes.

Se você está sem coragem e sente como se seu sonho estivesse morrendo, não desista! Não desista tão cedo do seu sonho. Pode ser que você esteja tendo dores de parto, e não de morte. Sempre é cedo demais para desistir.

Continue em frente. Continue sonhando o sonho que Deus colocou em seu coração. Se fosse fácil, qualquer um poderia alcançá-lo.

Sempre é Cedo Demais para Desistir

O mesmo pode acontecer com você e com sua vida. Pode ser que você leia errado a mensagem das suas circunstâncias e perca seu destino. Através deste livro, gostaria de preparar você para que isso não aconteça. Quero lhe equipar para que você *acredite que pode* alcançar o seu sonho.

Quando começamos a buscar nosso sonho, sempre aparece alguém para tentar roubá-lo. Muitas vezes, é alguém que nunca teve um sonho próprio ou, se teve, o abandonou. Pode ser inclusive um membro da família que vive dizendo o que Deus não poderia fazer nem faria com alguém como você.

A questão não é se você pode sonhar,
mas se você tem coragem de agir.

Com o que você sonha? O que Deus lhe capacitou para enxergar, mas não existe ainda? Você nunca poderá sonhar mais do que Deus! Ouça: "Deus pode fazer qualquer coisa – muito mais do que você possa imaginar ou pedir em seus maiores sonhos!" (Efésios 3:20, versão do inglês The Message)

Deus ama os sonhadores. Ele é quem dá novos sonhos e restaura os quebrados. Quando sonhamos, nos movemos para mais perto de como Deus vê as coisas. Nesse momento, ultrapassamos nossas limitações; nos movemos de onde estamos para onde Deus quer que estejamos. Em outras palavras, começamos a ver nossas metas em seu estado completo. A questão não é se você pode sonhar, mas se você tem coragem de agir. Existe um sonho em seu coração? A vida o enterrou? Já lhe disseram que você é velho demais? Não acredite nisso!

Siga seu sonho sem se importar com quão irreal pareça, pois sonhos são como crianças – são sua descendência. São a alegria do seu presente e a esperança do seu futuro. Proteja-os! Alimente-os! Encoraje-os a crescer, pois desde que você tenha um sonho, nunca será velho demais! Estou falando sobre um sonho dado por Deus que leva a resultados honrados por Deus. O Senhor tem um sonho para você, e ao buscá-lo, Ele o revelará.

Os sonhos normalmente não chegam ao som de trombetas. Podemos perdê-los. Eles são frágeis, tendem a vir bem suavemente, e podem crescer bem lentamente. Sonhos são como uma névoa divina, e a respiração forte de um crítico é capaz de dissolvê-los. É preciso apenas uma palavra negativa de uma pessoa cínica para destruir um sonho.

Precisamos ter cuidado com os assassinos de sonhos. Certifique-se de que você não está assassinando seu próprio sonho, pois você pode ser seu pior crítico. Tenha cuidado para não desistir do seu sonho. Ao invés, decida cumpri-lo. Acredite que você pode realizá-lo, e você conseguirá!

Você se encontra em um casamento ruim? Então, peça a Deus para lhe dar a visão de um casamento restaurado. Está com problemas financeiros? Sonhe com algo melhor do que ser endividado por toda a vida.

Eu uso as palavras *sonho* e *visão* alternadamente, e as duas são relacionadas ao seu destino. O livro que você está segurando, lhe ajudará a caminhar enquanto você segue a jornada do seu sonho. Meu sonho é ajudar você a destravar seus sonhos, e minha oração é que você possa dar um passo de fé para alcançar seu destino.

Deus é sonhador também.

O momento em que somos mais parecidos com Deus é quando sonhamos, pois Ele é um sonhador desde o princípio de todas as coisas. A natureza Dele está em nós, e é por isso que podemos olhar para algo que parece ser nada e crer que pode acontecer. Deus realiza as coisas a partir do nada, e passou para nós a habilidade de fazer a mesma coisa – criar algo a partir daquilo que não podemos ver. Fé é agarrar o nada e segurá-lo até que se torne algo. Sonhar com a existência de algo é a especialidade de Deus. "Será apesar de não ser" é a essência da natureza Daquele que nós criou a Sua semelhança.

Ele nos criou para que trouxéssemos Seu reino ao mundo. Ele inspira e vivifica nossos sonhos para que possa conquistar o que quer cumprir. Ele procura por pessoas que levarão a sério os sonhos colocados em seus corações, crendo que todas as coisas são verdadeiramente possíveis para esse Deus sonhador.

Tenha cuidado para não desistir do seu sonho. Ao invés, decida cumpri-lo. Acredite que você pode realizá-lo, e você conseguirá!

Talvez você sonhe em ser o melhor músico do mundo, ou em ter seu próprio negócio, ou em tornar-se um atleta profissional, ou um médico, ou um advogado. Se o Espírito Santo lhe deu um talento, e se você passar tempo com Ele, e se Ele o capacitar para que você pratique e se torne habilidoso, você conseguirá. O importante é passar tempo com Deus, pois quando fazemos isso, Ele destrava nossos sonhos e nos capacita a caminhar com eles.

Acredite que você pode

Eu sei que isso funciona, pois estou vivendo isso. Uma vez, tudo o que eu tinha em minha vida era um sonho. Tudo o que eu tinha era algo dentro de mim. A minha volta, eu ainda não tinha nenhuma parte do sonho, mas algo dentro de mim dizia "Está logo ali! Está logo ali! Vá buscá-lo. Há um ministério ali."

Quando eu era solteiro, sonhava em ter uma esposa linda. E hoje tenho a esposa dos meus sonhos; realmente tenho. Não sei onde eu estaria sem ela. Não sei o que faria sem ela. Cherise é linda por dentro e por fora. Com ela, Deus me deu os filhos dos meus sonhos. Eles são lindos, saudáveis e fortes. Amam a Deus e querem fazer Sua vontade. O que mais um homem poderia querer?

Lembro-me de quase duas décadas atrás quando o Senhor me chamou para Gainesville, na Geórgia. Na primeira vez em que dirigi pela cidade, tudo o que eu tinha era um sonho. Sonhava que Deus levantaria uma igreja poderosa aqui que poderia tocar as nações, onde pessoas seriam salvas, onde fluiria libertação, e onde as pessoas seriam cheias com o precioso Espírito Santo.

Agora estou em meio ao cumprimento desse sonho. A igreja está crescendo tão rápido que eu poderia escrever sobre isso e ter mais novas coisas para contar quando você terminasse de ler. Em minhas finanças, estou vivendo um sonho. Tenho um lindo lar. Agora tenho bênçãos a minha volta. Às vezes tenho vontade de dizer "Senhor, sou como aqueles que sonharam." (Tenho certeza de que sou a pessoa para quem foi escrito Salmos 126:1).

Hoje em dia, eu viajo pelo mundo. Prego a Palavra em vários países, para meus herois, pessoas quem eu nunca pensei que conheceria, homens e mulheres de Deus com quem eu nem me sinto digno de estar. Enquanto estou pregando, é incrível olhar para baixo e vê-los sentados na primeira fileira. Posso lhe dizer que é a vida dos meus sonhos.

Certa vez, sonhei com um ministério de louvor que tocaria o mundo. Recentemente, assinamos um contrato para um projeto que vai por todo o mundo. Essa é só mais uma parte dessa etapa da vida em que sonhos estão sendo realizados, e tudo o que posso dizer é "Isso está mesmo acontecendo?"

Deus tem abençoado minha vida, e Ele a tem tornado a vida dos meus sonhos. Ele quer abençoar você com a vida dos seus sonhos também – Ele quer mesmo!

Capítulo 1

ESCREVA A VISÃO

Certo dia, eu estava passando as folhas de um caderno velho que estava cheio de anotações sobre pregações de quinze anos antes. Enquanto lia aquele caderno, encontrei uma lista de metas que eu havia escrito para minha igreja. Havia objetivos como preencher todos os assentos da galeria, começar nosso primeiro jejum de vinte e um dias em janeiro, e expandir nosso ministério de televisão de um canal para vários.

Ao fazer uma retrospectiva, foi lindo ver como Deus fez muito mais do que eu podia imaginar quando escrevi aquela lista. Daquela época em diante, não só a galeria foi preenchida, mas também construímos uma área maior – e a enchemos também – e agora estamos num processo de expandir nosso templo atual. O ministério televisivo expandiu-se a três mil canais em redes nacionais e internacionais.

Quando anotei essas sementes de sonhos e ideias, não podia imaginar que Deus transformaria o primeiro jejum de vinte e um dias da nossa igreja em um movimento nacional e internacional que geraria milhões de acessos em nossa página da internet durante nosso jejum anual. Nem mesmo sonhava que um best-seller do *New York Times* sobre Jejum nasceria a partir daquela simples meta inspirada pelo Espírito Santo e seria seguida pela igreja todos os anos.

Fico hesitante em mencionar todas essas bênçãos, pois não quero que pareça que estou me vangloriando. Pelo contrário, sei que Deus merece toda a glória! Mas Ele usa pessoas ordinárias que acreditam que podem alcançar os sonhos Dele.

ESCREVA

Muitas pessoas falam sobre ter uma "visão" para suas vidas, mas não compreendem o processo ou a jornada de uma visão. Dizem que Deus lhes deu um "sonho" de algo, mas ao longo do tempo, esquecem-no. Realmente não sabem o que um sonho deve ser.

O inimigo não quer que acompanhemos nossa visão. Ele quer nos distrair dela.

Eu amo o que diz o início do segundo capítulo do Livro de Habacuque, pois enfatiza o propósito de um sonho ou uma visão, e também dá conselho prático sobre como lidar com isso:

> Então o Senhor respondeu: "Escreva claramente a visão em tabuinhas, para que se leia facilmente. Pois a visão aguarda um tempo designado; ela fala do fim, e não falhará. Ainda que se demore, espere-a; porque ela certamente virá e não se atrasará... o justo viverá pela sua fidelidade."
> — HABACUQUE 2:2-4

Isso é muito útil. Deus está dizendo, "Escreva a visão". Assim que entendermos qual é nossa visão, Deus quer que a escrevamos para que possamos nos focar no que Ele revelou. Ele não quer que a percamos.

O inimigo *não* quer que acompanhemos nossa visão. Ele quer nos distrair dela. Ele quer substituí-la por uma visão diferente para que nos desviemos e fiquemos desencorajados. Mas, ao escrevê-la, podemos lembrar do que Deus falou ao nosso coração e voltar àquele ponto de referência e lembrar: "Isso foi o que o Senhor disse".

Minha Bíblia é marcada do começo ao fim com coisas que ouvi o Senhor falar a mim. É bom fazer com que "se leia facilmente", como o Senhor disse a Habacuque, pois se não fizermos isso, não saberemos aonde estamos indo, e seremos como o homem que montou um cavalo e partiu para todas as direções, e acabou andando em círculos. Escreva de forma simples. As coisas de Deus não são complicadas.

Começando com um Peso

No comecinho do Livro de Habacuque, lemos o seguinte: "O peso que viu o profeta Habacuque" (Hb 1:1). O *peso* (normalmente pensamos em peso como algo pesado de carregar) foi algo que ele *viu* (vemos com nossos olhos). Eu não carrego coisas com meus olhos, e você? Não é estranho falar isso? Mas não é tão estranho pensar nisso, pois qualquer visão do Senhor começa assim – como um *peso*. Primeiro, Deus colocará um peso em seu coração.

Como é um peso? Habacuque disse três coisas sobre seu peso: "Eu o senti. Eu o vi. E eu o ouvi." Algo veio em seu coração, e ele sentiu. Ele viu uma necessidade, e Deus colocou esse peso sobre ele. Depois de um tempo, Deus transformou aquilo em uma visão.

Quando foi transformado em uma visão, se tornou claro. Deus mostrou primeiro a Habacuque algo que ele pudesse sentir, como um peso, e depois o revelou completamente. E sabe de uma coisa? Deus não balbucia. Quando Ele fala, não devemos dizer "Não tenho certeza se O ouvi." Quando Ele fala, não é "talvez" ou "acho que sim". Quando Deus fala, uma certeza vem ao nosso espírito e temos um sentido definido. Pensamos: "Acabei de ouvir o Senhor."

Quando se tornar claro para você, escreva.

Não seja uma daquelas pessoas que passam pela vida e nunca têm uma visão. É algo terrível nunca ter sequer um vislumbre do que Deus tem para nós, pois a Palavra diz: "Olho nenhum viu, ouvido nenhum ouviu, mente nenhuma imaginou o que Deus preparou para aqueles que o amam; mas Deus o revelou a nós por meio do Espírito. O Espírito sonda todas as coisas, até mesmo as coisas mais profundas de Deus." (1 Coríntios 2:9-10).

Então, não temos desculpas para não conhecer a visão de Deus para nossas vidas, pois Deus *sempre* tem algo para cada um de nós.

A maneira como descobrir o que Ele tem para você é passando tempo a sós com Ele. Faça isso para que Ele possa levar você mais além e colocar um peso em seu coração e uma visão diante dos olhos do seu espírito.

Mantendo o Foco

Além de nos dar uma visão, Deus quer que mantenhamos o foco Nele durante nossa caminhada, pois sem a força Dele ao longo do caminho, não poderemos conquistar o que Deus nos deu.

Uma visão é algo sobrenatural, e precisamos exercitá-la com poder sobrenatural. É o mesmo que viver pela fé, como Habacuque disse no final daquela passagem que citei anteriormente. Se não mantivermos o foco em Deus e naquilo que Ele nos disse, e se não andarmos pela fé o tempo todo, teremos uma grande chance de perder nossa visão.

É importante não só manter o foco em Deus, mas também na visão. Paulo disse: "Mas uma coisa eu faço" (Fp 3:13). Ele não disse "Essas quarenta coisas eu faço". Tenha uma ideia clara do que Deus quer que você faça, e foque nisso. Depois, espere e comece a caminhar com essa visão. Talvez, a desesperança baterá a sua porta de vez em quando, mas não desista. Você é como um buldogue com um osso.

Você precisará desse tipo de determinação focada a fim de continuar em frente quando parar for muito mais fácil. Paulo teve uma visão que lhe mostrou que ele deveria ir para Macedônia. O nascimento da visão foi emocionante, mas quando ele chegou lá, apanhou e foi lançado numa prisão. Isso poderia ter sido a morte da visão dele, mas um anjo apareceu e o libertou para que pudesse cumprir a visão. Essa é a jornada pela qual uma visão sempre levará você – nascimento, morte, e ressurreição.

Umas das formas mais importantes como podemos dizer se um sonho vem de Deus é percebendo que ele será sempre maior do que nós.

Quando as pessoas vêm até mim muito animadas e dizem "Jentenzen, Deus me deu uma visão. Farei isso e aquilo", elas não entendem que aquilo será difícil em algum ponto. É claro que é ótimo quando as pessoas se empolgam com a visão – precisarão de toda essa energia depois!

É maior do que nós.

Uma das formas mais importantes de saber se um sonho vem de Deus é percebendo que será ele sempre maior do que nós e do que imaginamos.

Uma visão de Deus é orquestrada por Ele mesmo. Ele sempre trabalhando nos bastidores, conectando as coisas e fazendo com que elas ocorram bem. Além disso, está preparando outras pessoas, que nunca vimos antes e com as quais nunca sonhamos, para que estejam prontas para receber o que iremos lançar. Podemos até pensar "Tenho uma visão de Deus. Agora eu tenho que fazê-la acontecer." Na realidade a visão é *Dele*, e cabe a Ele realizá-la.

Tudo que temos que fazer é obedecer passo a passo. A visão se cumprirá enquanto Ele nos move e, simultaneamente, move outras pessoas e circunstâncias. Todas essas conexões do reino começarão a ocorrer, e virão de toda parte. Não é coincidência; é Deus.

Como a visão está conectada à colheita?

Não devemos esperar apenas que a visão de Deus seja grande, mas também devemos procurar saber como ela está relacionada com a colheita do Seu reino. José teve um sonho em que estava num campo de colheita (Gn. 37). A porção da colheita do seu sonho talvez não seja tão clara para você como foi para ele, mas procure pelas conexões. Como *sua* visão está conectada à colheita?

A palavra *colheita* representa almas sendo trazidas ao reino do céu. *Colheita* significa construir o reino de Deus, construir a igreja local, e aumentar a influência do reino de Deus no mundo ao nosso redor.

Talvez você tenha dito "Quero ter lucro de um milhão de dólares em meu negócio". Se você puder conectar esse sonho com a colheita, então Deus pode abençoá-lo. (Por exemplo: "Usarei meus recursos para apoiar minha igreja local").Ou talvez você tenha dito "Quero ser um atleta profissional". Se você puder relacionar isso com a colheita ("Deus, se o Senhor me abençoar e me colocar diante de milhares de pessoas, usarei minha influência para o reino"), então Ele abençoará.

Quando passamos a compreender visões e sonhos, vemos que não é apenas questão de conseguirmos o que queremos, o que seria algo egoísta. Deus não se comprometerá com isso. É questão de procurar a conexão com a *colheita*. Entenda que um sonho dado por Deus sempre tem um propósito para o reino.

Já que o propósito de Deus é trazer a colheita, eu e você precisamos sonhar sonhos de colheita. Não há problema em sonhar com uma casa melhor, um carro legal, ou um padrão de vida mais alto. Tudo bem. Mas, em algum momento, em vez de dizer apenas "Abençoa-me", precisamos dizer "Senhor, usa-me. Ajuda-me a realizar meu sonho para que eu possa ser uma bênção para o Seu reino."

Os Sonhos de Deus Serão Cumpridos.

Lembra o que o Senhor disse a Habacuque? "Pois a visão aguarda um tempo designado; ela fala do fim, e não falhará. Ainda que se demore, espere-a; porque ela certamente virá e não se atrasará." (Habacuque 2:3). Em outras palavras, apesar de seu sonho parecer demorar a se cumprir, você pode depender do fato de que, se ele vem de Deus, eventualmente se realizará.

*Um sonho dado por Deus sempre
tem um propósito para o reino.*

Ás vezes, precisamos "esperar" (palavras de Habacuque). É preciso ter paciência e perseverança, mas seremos recompensados porque a visão se *cumprirá*.

Quando sua empolgação inicial passar e tudo parecer monótono, não se surpreenda. É normal. Todos passam por isso. Virá um tempo em que tudo parecerá o oposto do que você pensou que Deus lhe havia dito. Quando isso acontecer (e isso pode acontecer mais de uma vez), não desista, não desmorone, mesmo se estiver desencorajado, mesmo se as portas estiverem fechadas ou o dinheiro não aparecer e nada estiver certo – espere. *Certamente* se cumprirá.

As visões de Deus se tornam realidade. Os sonhos Dele se cumprem. Talvez Ele tenha que encontrar outro sonhador (se você desistir), mas Seu *sonho* acontecerá. Precisamos perseverar o bastante para vê-lo se realizar. Temos que ser tenazes. Provavelmente, teremos que enfrentar muita oposição e mesmo assim agarrar a visão e dizer "Sei que recebi uma Palavra do Senhor, e aí vou eu!" Saia correndo com ela, abrace-a em seu peito, e não pare mais. É isso que acontece quando podemos ver a linha de chegada e nos determinamos a dar tudo de nós. As pessoas tentarão fazer você parar e arrancar a visão dos seus braços, mas se lance à frente, corra desesperadamente. Desespere-se ao correr pela sua vida. Você simplesmente *tem* que conseguir. E conseguirá.

A reação gera resultados.

Deus nunca irá nos dar algo pronto antes do tempo. Ele apenas diz "Vá. Eu cuidarei dos detalhes", e de alguma forma, temos que reagir a isso. Idealmente, imediatamente, e de forma obediente. Quando Ele nos diz para fazer algo, espera uma resposta espontânea. Não deseja que primeiro enviemos uma comitiva para uma breve avaliação. E também não quer que desprezemos, esqueçamos, ou coloquemos na prateleira. Ele quer que façamos algo imediatamente.

A razão pela qual muitas pessoas estão "paradas" onde estão e nunca vão a lugar nenhum é que sempre que Deus as manda fazer algo, elas apresentam uma lista de questionamentos em vez de responder com fé. Elas dizem, "como poderei pagar por isso?" ou "Isso não está a minha altura." Se esperarmos que todas as perguntas sejam respondidas antes de agirmos, nunca faremos nada. A verdade é que nunca teremos 80% de certeza e, se esperamos ter 100%, ficaremos paralisados – isso é chamado de "paralisação de análise."

Talvez não saibamos como irá acontecer, mas, quando Deus diz "Faça isso!", uma resposta imediata O impressiona. O restante da resposta envolve dar o primeiro passo e andar pela fé. Abraão não sabia como seria possível cumprir a visão que Deus lhe havia dado. Deus lhe havia dito para sair de onde morava a fim de ir a um lugar desconhecido, e disse que quando chegasse lá, Ele lhe revelaria o próximo passo. Abraão vivia feliz e era bem respeitado onde estava. Era como se já tivesse cumprido os propósitos de sua vida. Quando Deus lhe disse para ir a uma nova terra, Abraão poderia ter apresentado várias objeções e questionamentos, mas, ao invés disso, foi em frente e fez o que Deus havia ordenado. Isso é impressionante, e Deus quer que cada um de nós tenha o exemplo de Abraão em mente.

Se esperarmos até que todas as perguntas sejam respondidas antes de agirmos, nunca faremos nada.

Quando Deus nos chama para fazer algo, temos que estar dispostos a ir a um lugar novo. Responder a Deus significará *mudança* em nossa vida. Você sabia que mudança é um verdadeiro sinal de Deus? A verdade é que caminhar com Deus requer uma experiência de mudança contínua. Um dos sinais de que Deus está fazendo algo em nossa vida é *mudanças* acontecendo. A mudança é um sinal de que Deus está nos preparando para milagres.

O problema é que a maioria de nós não é fã de mudanças. Na realidade, as odiamos. Passamos por elas esperneando e gritando. Preferimos nosso ambiente antigo e familiar e nossas costumeiras rotinas. Às vezes – apenas ás vezes – temos vontade de fazer algo novo quando já sabemos o que esperar e já acertamos todos os detalhes. Porém, não é assim que Deus trabalha. Ele simplesmente nos põe num deserto, e certifica-se de que a única coisa em que podemos nos apoiar é Ele.

Deus irá nos suprir com o próximo passo como se estivesse nos dando peças de um quebra-cabeça. Se encontrarmos o lugar em que uma peça se encaixa e seguirmos em frente, Ele nos dará outra. Se nos movermos quando ele diz "Prossiga", os detalhes se acertarão.

Morando em dois estados ao mesmo tempo

Quando pensamos que nossa vida já está conquistada, Deus vem e muda tudo. Quando eu tinha quarenta e cinco anos, eu já pastoreava em Gainesville, na California, por quase vinte anos ao lado de minha esposa e nossos cinco filhos. Eu tinha meu próprio negócio e fazia aquilo para o qual Deus me havia chamado, quando de repente uma mudança veio bater a minha porta.

No verão de 2007 fui convidado para ir ao sul da Califórnia para participar de um programa nacional de televisão a fim de promover meu livro *Right People, Right Place, Right Plan: Discerning the Voice of God*. (Pessoas Certas, Lugar Certo, Plano Certo: Discernindo a Voz de Deus). Após gravar o programa, um amigo pastor me convidou para jantar. Enquanto estávamos na estrada a caminho de Orange County, vi uma igreja na esquina. Perguntei de quem era aquela igreja, e meu amigo me disse o nome do pastor. Fiquei surpreso porque aquele pastor havia me ligado na semana anterior para informar que iria se aposentar e se mudar para o leste dos Estados Unidos, e gostaria de se encontrar comigo.

Quando meu amigo e eu estacionamos no estacionamento daquela área de 26.000 metros quadrados bem no coração de Orange County, não pude deixar de ficar impressionado com o sonho daquele pastor. Ele havia deixado sua família, amigos, e uma igreja bem-sucedida para cruzar o país em direção ao sul da Califórnia porque Deus lhe havia dado um sonho de construir uma igreja em Orange County. Com recursos bastante limitados, ele conseguiu obter aquele imenso terreno em uma das melhores localizações da cidade.

Eram dez horas da noite quando chegamos. Um homem nos deixou entrar e seu filho de dezesseis anos estava com ele. O menino me reconheceu da televisão, e eles permitiram que déssemos uma volta pelo terreno. Acontece que aquele jovem de dezesseis anos que caminhava junto conosco estava jejuando há três dias para que Deus enviasse o pastor certo para substituir o pastor que estava se aposentando. Enquanto eu caminhava, senti que Deus tinha um plano muito especial para aquela igreja.

Quando pensamos que nossa vida já está conquistada, Deus vem e muda tudo.

Então, eu liguei para aquele pastor que estava se aposentando e comecei a dizer como eu estava maravilhado com que Deus havia realizado através da obediência dele. Ele começou a chorar no telefone. Disse-me que sentiu que deveria me encorajar a ser o pastor daquela igreja. Fiquei espantado e animado com as possibilidades.

Após semanas de jejum e oração, concordei com o pastor, com o consentimento unânime da minha esposa e de nossos cinco filhos. Parece loucura, não? Como um pastor na Geórgia poderia pastorear uma igreja no sul da Califórnia também? Se Deus lhe disser para fazer isso, e você souber que Ele o chamou, Ele dará um jeito. Agora, quase todos os domingos após nossos cultos na Geórgia, eu pego um avião com minha família e vôo para Califórnia para o culto das 18:00 em Orange County. A igreja tem explodido em crescimento. Centenas de pessoas nasceram de novo nos primeiros meses. O templo já está lotado e estamos vendo um poderoso mover de Deus em Orange County. A equipe e os recursos de que precisávamos apareceram quando simplesmente demos um passo de fé e fizemos o que Deus nos havia dito para fazer.

Foi necessária grande mudança da nossa parte. Nossas vidas sofreram alterações devido a esse novo chamado. Os estudos das crianças sofreram mudanças e meus horários e viagens foram radicalmente alterados. Há quanto tempo você está tão perto de Deus para que Ele mude seus horários e sua rotina? Você está pronto para o desafio da mudança? O cumprimento do seu destino se encontra do outro lado da mudança.

REVISÃO

Escreva a Visão

- Seu sonho começará com algum tipo de peso, e esse peso se tornará uma visão.

- Você saberá se seu sonho vem de Deus se ele for *maior do que você* e se tiver a ver com a *colheita* do reino de Deus.

- Guarde seu sonho para que você não o esqueça. Escreva-o.

- O sonho de Deus se *cumprirá*. Apesar de parecer estar morto, Deus o ressuscitará.

Capítulo 2

DESCOBRINDO A SUA MISSÃO DE VIDA

Num dia de inverno em Biloxi, Mississipi, uma mulher de vinte e cinco anos decidiu se suicidar. Ela não conseguia mais suportar tudo e queria dar um fim a sua vida. Então, foi a uma ponte sobre o Rio Mississipi. A água estava gelada e a ponte era muito alta. Ela escalou a grade e se jogou lá de cima. Ela caiu na água com uma forte pancada e começou a afundar.

Sem que ela soubesse, um homem à margem do rio a viu pular. Quando ele não a viu na superfície, entrou na água para resgatá-la. Ela estava afundando quando o ouviu mergulhar. E depois começou a ouvir aquele pobre homem se debater. Quando ele pulou na água, havia esquecido-se de que não sabia nadar! Aquele heroi estava gritando "Socorro, socorro!", então a mulher que estava tentando se matar nadou até ele e o levou à margem do rio. Ele estava asfixiado, então ela fez respiração boca-a-boca nele. Alguém ligou para a emergência e os dois foram levados para o hospital. Por fim, os dois sobreviveram.

Li sobre isso num artigo de notícias, e o jornalista que escreveu a história a terminou com as seguintes palavras: "Naquela noite, não foi o homem que salvou a vida dela. Foi um *propósito* que a salvou." A missão dela era salvar aquele homem. Instantaneamente, ela teve uma missão. E ter uma missão foi o que salvou sua vida.

Qual é Sua Tarefa na Vida?

O propósito da vida é viver com um propósito. Deus procura por aqueles para quem Ele possa transferir Sua paixão e Seu sonho. Os maiores inimigos de Israel não eram os gigantes de fora, mas as vozes de dentro – que diziam "Isso é impossível. Faça somente o que é seguro." Se você será um sonhador, Deus irá querer que você corra riscos! Ao sonhar, nos expomos ao ridículo e à derrota. Não há como seguir um sonho sem ter alguém dizendo "Quem ele pensa que é?"

O pensamento e a fala negativos nos afastam do melhor de Deus. Se você não consegue se lembrar da última vez em que foi criticado por alguma coisa, é provável que você não esteja fazendo nada. Não tenha tanto medo do que os outros falarão de você a ponto de abandonar seu sonho. Encha-se de fogo, paixão, e entusiasmo, e agarre todas as oportunidades que Deus colocar em seu caminho. Creia que você pode fazer tudo em Cristo que te fortalece.

O nascimento, a morte, e a ressurreição da sua visão

Quando respondemos a Deus como descrevi no capítulo anterior, trazemos à tona o *nascimento* da nossa visão. E como todas as outras coisas no reino de Deus, um nascimento é seguido de *morte* e depois de *ressurreição*.

O propósito da vida é viver com um propósito.

Cada um dos sonhos de Deus passa por esse processo de nascimento, morte, e ressurreição. Você não recebeu uma visão de Deus a não ser que tenha carregado um peso, tenha ficado todo animado com o nascimento da visão, e com desânimo a tenha visto morrer. A visão morre – as pessoas se vão; o dinheiro acaba; a situação complica. E ficamos sem saber o que fazer.

Depois, e somente depois, Deus aparece com a ressurreição. Ele usa esse processo para santificar o sonho para que quando realmente se realize, não seja algo egoísta. Ao invés, será algo do qual diremos "Foi Deus quem fez isso! Eu quase desisti. Duvidei da visão, mas o Senhor mesmo assim realizou!" Saberemos sem sombras de dúvida que Deus operou, pois tudo parecia sem esperanças. Realmente foi algo maior que nós. Não podíamos realizar sozinhos. Deus quebrou as barreiras e ressuscitou a visão. E terminou o que havia começado.

Garanto que, se você tiver um sonho, a maneira de saber se é de Deus é localizando essas três etapas: o nascimento, a morte, e a ressurreição da visão. Se você está em meio a esse processo neste momento, não desista! A ressurreição está chegando. Apenas porque seu casamento parece estar em ruínas, não desista dele. Apenas porque seu negócio está afunando, não desista ainda. Seja o seu casamento, seu negócio, ou qualquer outra coisa, peça ao Senhor para lhe dar encorajamento e uma nova recarga de fé. Espere; a ajuda está a caminho.

A paciência vence a corrida.

Temos que suportar pacientemente. Lembra-se do que o autor da carta aos hebreus escreveu? Ele os exortou com as seguintes palavras: "corramos com perseverança a corrida que nos é proposta,
tendo os olhos fitos em Jesus, autor e consumador da nossa fé." (Hebreus 12:1-2)

Em outras palavras, pode demorar muito tempo, mas a vitória é alcançável. É como a corrida da tocha nos antigos Jogos Olímpicos gregos que era diferente das outras corridas. Nas outras, o vencedor era aquele que chegasse à linha de chegada primeiro. Porém, na corrida da tocha, várias tochas eram acesas e entregues a cada corredor. Eles começavam a corrida com as chamas queimando, e a única forma de vencer a corrida era chegando ao fim com o fogo ainda aceso. Cruzar a linha de chegada primeiro não valia nada até que fosse verificado se ainda havia chamas na tocha.

A corrida não era para os velozes (Ec 9:11). Ás vezes o vencedor seria aquele que parecia ir muito devagar. Somente com paciente persistência e deixando os outros passarem a sua frente, o vitorioso poderia alcançar seu prêmio. Todos poderiam parecer estar na frente e indo bem, mas *não venceriam se houvéssem perdido o fogo*.

Entende o que eu quero dizer? Quero ser como um vencedor da corrida da tocha. Quero continuar me movendo o mais rápido que eu puder sem perder meu fogo. O importante não é o quão veloz posso ser, quão rapidamente minha igreja, meu ministério, ou meu negócio crescem, quantos recordes eu quebro – mas se eu tenho ou não o fogo de Deus queimando quando eu cruzar a linha de chegada. Será que estamos dispostos a permanecer não somente no nascimento da visão, mas também em sua morte e em sua ressurreição, o que pode demorar anos?

Quero ser como meu animal favorito da arca – o caracol. Foi somente com muita persistência que ele conseguiu entrar na arca, mas conseguiu, e foi isso que valeu!

O Poder de um Sonho Inesquecível

Permita-me falar sobre o sonho inesquecível. Eu aprendi com Moisés a ideia de um sonho inesquecível, pois apesar de ele sempre ter tido o sonho de levar o povo de Israel para a Terra Prometida, quando chegou ao fim de sua vida e viu a terra do Monte Nebo, Deus lhe disse: "Moisés, você não vai entrar nela." No entanto, o sonho de Moisés era um sonho inesquecível, e permaneceu vivo mesmo quando ele morreu.

Muitos diriam, "Ele não conseguiu". Mas isso não é verdade, pois quando lemos o Livro de Mateus, quando Jesus estava no Monte da Transfiguração – *que estava localizado na Terra Prometida* – Moisés e Elias desceram do céu, e a Bíblia diz que eles apareceram no topo daquele monte (Mt 17:3). Moisés chegou lá! O sonho dele se tornou real afinal de contas. Seu sonho era pisar na Terra Prometida. Demorou 1.500 anos, mas se *realizou*. Esse é um sonho poderoso e inesquecível!

O poder de um sonho inesquecível é que o tempo vai passando e, em um dia qualquer, é realizado. Não importa quantos contratempos acontecem ou quantos obstáculos são enfrentados no caminho, nunca é tarde demais. Veio de Deus, e ainda pertence a Ele. Deus fez a promessa, e tem poder para cumpri-la.

Nunca é tarde demais.

Um dos meus versículos favoritos na Bíblia é Amós 3:12, que diz "Assim como o pastor arranca da boca do leão só dois ossos da perna ou um pedaço da orelha, assim serão arrancados os israelitas de Samaria".

Isso revela uma ilustração: o leão havia devorado o cordeiro, deixando apenas uma ou duas pernas e um pedaço da orelha. O leão é Satanás, que anda ao redor "procurando alguém para devorar" (1Pe. 5:8), e ele devora as ovelhas, que representam o povo de Deus.

O versículo diz que quando o pastor viu que não havia restado nada daquela ovelha, a não ser uma orelha e as pernas, ele extraordinariamente arranca-as da boca do leão. Por que? Se eu fosse o pastor, não faria isso. Veria que estava tudo acabado, minha ovelha havia sido devorada. Era o fim.

Mas o pastor – que é uma figura de Jesus – viu naquela ovelha algo que ainda era redimível. Desde que você ainda tenha uma orelha ou uma perna (ou seja, se você permanece naquilo que você ouviu), não importa o que o inimigo devorou. Deus pode redimi-lo. O importante não é o que você perdeu, mas o que você ainda tem.

Enquanto você puder ouvir e enquanto puder pelo menos mancar, poderá chegar ao seu destino. Se você tem um sonho inesquecível, poderá permanecer naquilo que ouviu Deus lhe dizer, e Ele o fará acontecer.

Parece como se o inimigo tivesse devorado seu sonho? Parece ser tarde demais agora? Nunca é tarde demais. Servimos ao Deus da ressurreição, e Ele ressuscitará seu sonho para que você alcance seu cumprimento.

Enquanto você tiver *ouvidos* para ouvir, mesmo enquanto lê este livro, Ele estará falando contigo. Então, tenha certeza de que pode confiar no que ouviu Dele.

Nada é impossível. Acredite, você pode!

José e Você

A história de José é uma ilustração perfeita do tema deste livro – o poder de um sonho. Nela, o sonhador é José, e ele persistiu por *anos* através de todos os tipos de dificuldades. Por um longo tempo, seu sonho parecia ter morrido. Ele passou por todo tipo de coisas, mas Deus manteve seu sonho vivo, e o ressuscitou. No final, o sonho original de José foi completamente realizado.

José, que teve dois sonhos bastante específicos quando tinha dezessete anos, foi de filho favorito na casa de seu pai a escravo prisioneiro numa terra estrangeira. Quando seus irmãos invejosos o viram vindo, disseram "Lá vem aquele sonhador" (Gn 31:19). Nem mesmo mencionaram seu nome, José; ao contrário, o chamaram apenas de "aquele sonhador".

Após tornar-se um escravo no Egito, ele foi levado a uma prisão. Depois foi elevado a governar sobre tudo que o faraó do Egito possuía. Foi aí que seus irmãos vieram novamente, e os sonhos dele se cumpriram. (Essa história se encontra no Livro de Gênesis, a partir do capítulo 37).

Você pode pensar que essa história está a anos-luz longe de nossas experiências pessoais no século vinte e um. Mas sabe de uma coisa? Nós provavelmente teremos que passar pelas mesmas provas que José passou antes que nossos sonhos se realizem. Vamos apontar os passos principais do processo.

Obtendo favor

Antes de avançarmos para seguir o sonho que Deus nos deu, precisamos entender o que é "favor". Favor significa que Deus já preparou as coisas com antecedência para que esteja tudo pronto quando chegarmos lá. Favor é a forma como Deus centraliza tudo em nós. Significa que Ele nos chamou para a frente da fila.

José obteve favor, e todos sabiam disso. Sua túnica de várias cores representava o favor de seu pai. Ele a vestia com orgulho. Ela roubava a cena, pois não era marrom, nem cinza, nem bege. Era tão chamativa que era quase psicodélica. Anunciava o favor.

O mesmo acontece comigo e com você. Quando Deus nos abençoa muito, é difícil esconder. Não exibimos intencionalmente para as pessoas o favor de Deus, mas elas o veem mesmo assim. Quando Deus começa a nos abençoar, Ele nos abençoa de forma que sejamos vistos pelos outros como alguém com grande favor diante do Senhor. Ele não quer que nos envergonhemos de Sua bênção, não quer que nos desculpemos por ela.

O pai de José colocou aquela túnica em seu filho para prepará-lo para o seu sonho. Em qualquer tempo em que Deus começa a nos dar Seu favor e nos abençoar, é para nos preparar para um sonho.

Recebemos um nível de favor desde o momento em que somos salvos, mas a fim de caminhar ao restante de nosso destino, precisamos receber mais disso. A forma como isso funciona no reino de Deus é *pedindo* favor. As palavras são poderosas. Deus criou o mundo através delas. Se não abrirmos nossas bocas para declarar que queremos que nossos propósitos se alinhem com os propósitos de Deus, e se não pedirmos a ajuda Dele, não receberemos nada. "Não têm", disse Tiago, "porque não pedem" (Tiago 4:2).

Quando abrimos a boca e pedimos o favor de Deus, Ele o derrama sobre nós. Peça ao Senhor por chuva na época da primavera. Seu favor é como uma nuvem de chuva de primavera (ver Zc. 10:1 e Pv. 16:15). Então não a adie! Aumente sua voz, e estabeleça o fato de que você está na posição de receber o favor nesse minuto, ainda que tenha perdido seu emprego e não saiba onde encontrar o próximo.

Declare algo assim: "Eu tenho o grande favor do Senhor. O favor Dele me antecede e prepara um caminho diante de mim. Ele faz com que os outros olhem para mim com favor. Foi decretado e enviado por Deus. É como uma nuvem sobre mim, e eu irei anunciá-lo. Tudo que tenho que fazer é pedir, e então receberei essa chuva de favor."

Não deixe de perceber a relação entre *campo* e favor. O status favorecido de José permitiu que ele acreditasse em seu sonho sobre um campo em que feixes de trigo se curvavam diante do feixe dele (Gn. 37:5-6). Podemos encontrar outro exemplo bíblico da relação entre campo e favor na história de Rute. Ela fez um pedido específico para que pudesse trabalhar no *campo* de alguém que lhe mostrasse favor (Rute 2:2).

Você também tem um campo com favor de Deus. Talvez ele não esteja cheio de trigo, mas é seu. Podemos comparar o campo de colheita do sonho de José e o campo de colheita de Boaz com o seu "campo" de atuação profissional. Talvez você ache que tem que atuar no campo da medicina ou no campo do ensino. Se orar antes de pisar em seu campo e orar para ser dirigido à escolha de Deus, você receberá favor em seu campo de colheita. Apenas abra sua boca e peça.

Incidentalmente, Rute nos mostra outra coisa sobre como se posicionar pelo favor, e essa é a importância de estar em meio àqueles que carregam favor. No caso dela, era sua sogra, Noemi, que havia nascido em Belém e que era do povo escolhido por Deus. Rute era de Moabe, e seu povo era o oposto de escolhido. Na verdade, era amaldiçoado. Porém, quando Rute decidiu ficar com Noemi, começou a andar em favor.

Nós podemos encontrar favor dessa forma também. Quando procuramos uma igreja, buscamos uma que tenha o favor de Deus. Quando nos submetemos a uma liderança, é bom que procuremos uma que tenha o favor de Deus. Não poderemos ir além do favor ao qual nos submetemos. Se andarmos com pessoas que já têm o favor de Deus, e pedirmos a Ele que nos guie ao campo de Sua vontade para nossa vida, de fato experimentaremos a fidelidade de Deus de primeira mão.

No caso de Rute, Boaz a notou, e a próxima coisa que a Bíblia nos diz é que ele casou-se com ela. Ela deixou de ser colhedora de espigas e se tornou dona de toda a plantação, tudo isso porque abriu a boca e pediu favor.

Sonhando com a colheita

Note novamente o cenário do primeiro sonho de José. Era um campo de colheita, onde o trigo estava em processo de ser colhido e juntado em feixes. Quero reenfatizar a ideia de que nosso campo precisa ser *conectado à colheita*. Tornamos o nosso sonho em um sonho de colheita quando fazemos um voto com Deus que diz "Pai, se o Senhor abençoar esse sonho, usarei minha influência para alcançar vidas para Ti."

No sonho da colheita de José, os feixes colhidos se curvavam ao feixe dele. Isso não significa que aquele era um sonho egoísta e orgulhoso. Em essência, o sonho mostrava que, onde quer que José fosse, toda a colheita seria ceifada e estaria debaixo da autoridade de Deus. José tinha um papel a cumprir na colheita, e então ela se curvaria. A Bíblia diz "Todo joelho de dobrará" (Is. 45:23; Rm 14:11).

Então, se você tem um sonho, pode ter a certeza de que, se ele vem de Deus, tem a ver com a colheita. Se você tem um sonho no coração para mudar o sistema escolar, ou ajudar a levar sua nação a um avivamento, ou trazer as milhares pessoas da sua comunidade para o reino, então assista a Deus levar esse sonho ao seu cumprimento. Esses são os sonhos da colheita!

José não parou com o sonho da colheita. Ele teve outro sonho, e dessa vez era o sol, a lua e as estrelas que se curvavam. Esse sonho era maior e melhor do que o primeiro. Os sonhos de Deus são progressivos. Pare de pensar que seus melhores dias estão no passado. Seu sonho está a sua frente e apontando adiante. É maior e melhor do que qualquer coisa que tenha acontecido em seu passado.

Despido e Desencorajado

Inevitavelmente, é claro que se ficarmos por aí exibindo o favor de Deus e se, como José, contarmos a magnitude de nosso sonho, seremos desencorajados. (Aprendi que algumas pessoas querem que você se dê bem, mas não bem demais!)

A pessoas terão inveja, assim como os irmãos de José tiveram, e irão querer lhe tirar do seu status de "filho especial". Irão até atirar você num "poço".

Assim como os irmãos de José, elas dirão "Lá vem aquele sonhador". Se você acompanhar o sonho dado por Deus, as pessoas começarão a ver o sonho do coração ao invés de ver você. Para elas, ele parecerá maior até do que o seu nome. É provável que colham desprezo de seu sonho também. Fazem isso porque sabem que ele irá se realizar. Elas têm medo do seu sonho. As pessoas não perdem tempo menosprezando alguém se acham que sonho dele não é poderoso.

Então, se você sente muita pressão sobre si mesmo agora e parece estar sendo mais repreendido do que abençoado, quero lhe dizer que isso não é uma indicação de que você deve desistir. Isso pode ser um sinal de que o inimigo sabe que você está mais perto do que nunca de ver seu sonho se cumprir. Ele sabe que precisa conspirar contra nós, nos atacar, e nos paralisar, pois nossos sonho são verdadeiros. Não desista agora!

O fato é que, se Deus colocou um sonho em nosso coração, e se não o ignorarmos, ninguém pode detê-lo, nem mesmo o diabo. O "não" de alguém não pode competir com o "sim" de Deus. Se Ele diz sim, então é "sim e amém". Se Ele abre uma porta, nenhum homem pode fechá-la. Ninguém pode deter o que nasce do céu.

E daí se as pessoas nos abandonarem? E daí se disserem que não acreditam em nós ou que Deus não está conosco? Nosso sonho ainda permanece intacto e avançando. Isso é apenas uma prova pela qual teremos que passar antes de chegar a nossa conquista.

E daí se nos tirarem as palavras de bênção assim como tiraram de José sua túnica especial? E daí se nos jogarem num poço? A bênção permanece em nosso coração, mesmo que pareça seca como um deserto dentro de um poço. Já pode ter sido uma cisterna ou uma fonte, mas agora não contém nem uma gota de água. Não há como se refrescar, mas isso faz parte da prova. Quando não há nenhum sinal externo e nenhuma percepção interna de bênção, nosso sonho ainda está sendo provado.

Já ouvi dizer que "A prova vem para nos ensinar uma lição". Entretanto, eu nunca fazia provas na escola para aprender minhas lições. A professora primeiro ensinava e depois aplicava uma prova. Se Deus está colocando você numa prova, não é porque quer lhe ensinar algo. É um sinal de que Ele já lhe ensinou algo e agora você está pronto para passar pela prova.

Lembre-se de que o professor sempre fica em silêncio durante a prova. Lembre-se também de que é uma prova com consulta! Abra o livro de instruções de Deus chamado Bíblia, e leia-o. Não faça como eu que, num dia de natal, passei a noite tentando montar um brinquedo. Achei que não precisava ler as instruções, pois conseguiria sozinho. Após uma hora de frustração, finalmente achei o manual, que na verdade começava com a seguinte frase: "Quando todas as tentativas falharem, leia as instruções".

Talvez seu sonho esteja sendo severamente provado e você esteja desesperadamente tentando encaixar todas as peças. A palavra de Deus para você hoje é essa: Volte para a Palavra de Deus. Leia-a, e ela começará a ler você! Quando não puder ouvir Deus, leia Deus. Se fizer isso, começará a ouvi-lo novamente. Quando tudo falhar, leia as instruções.

Você já sabe o que fazer, mesmo que tenha sido despido por fora e esteja seco por dentro. Apenas permaneça aí. E quando já tiver feito de tudo, permaneça mais um pouco! Leia o capítulo seis de Efésios para se lembrar da verdade.

Mais tarde, na história de José, ele tem dois filhos que se chamam Manassés e Efraim. *Manassés* significa "esquecimento" e *Efraim* significa "frutífero". Antes de poder caminhar em direção ao cumprimento de seu sonho, precisamos esquecer e ser frutíferos. O passado virá nos assombrar, e devemos dizer "Passado, cale-se!" Devemos nos esquecer dele propositalmente. E, então, poderemos nos tornar frutíferos.

O retorno do favor

Se esperarmos o bastante, o favor retornará. Depois que os irmãos de José lhe tiraram a túnica do favor, decidiram vendê-lo como escravo em vez de matá-lo. E aonde ele foi parar? Na casa de Potifar, o chefe da guarda do faraó do Egito. Não era o que os irmãos dele haviam planejado.

Apesar de José ainda ser um jovem sem experiência ou treinamento, tudo que ele fazia prosperava. Era como se estivesse vestindo a túnica do favor novamente, apesar de vestir aquelas roupas egípcias. Acho que seu modo de andar era diferente do dos outros escravos. Acho que mesmo que ele não tivesse roupas ou características diferentes, ele possuía algo diferente que o fazia caminhar com a cabeça e o peito erguidos, e com um saudável desprezo pelo fato de estar preso como escravo.

41

Assim também pode ser com você. Talvez sua túnica tenha sido perdida, mas essa é uma situação temporária. Apesar de ainda não ter recebido algo, você ainda é abençoado. É só uma questão de tempo. Apenas persevere – mesmo se lhe desencorajarem novamente, assim como aconteceu com José. (Ver Gn 39:19-20.)

Continue sonhando.

Não preciso lhe dizer que ser jogado na prisão não fazia parte do plano de José. Ele estava lá com um monte de pessoas que eram piores do que escravos e não iriam a lugar nenhum. Isso poderia ter matado o sonho de José de uma vez por todas. Na prisão, qualquer sonho parece estar morto, exceto os sonhos do copeiro e do cozinheiro de faraó, que literalmente tiveram sonhos, seguidos pelos sonhos do próprio faraó.

Há uma importante lição a ser lembrada aqui. Ninguém havia tido um sonho no Egito antes que José, o sonhador, tivesse aparecido. E, depois, outros começaram a ter sonhos sobre a colheita. Se você deseja ter um sonho de Deus, deve estar rodeado de outros sonhadores, pois eles inspiram sonhos em outras pessoas. Foi o sonho de José que inspirou o copeiro, o cozinheiro e o faraó. Quando passaram tempo com ele, seus sonhos começaram a se manifestar.

As pessoas com quem você se relaciona inspiram seu sonho? A igreja em que você congrega constrói sua fé e faz com que seu sonho avance? Quando Isabel teve contato com Maria, seu bebê começou a se mexer dentro da barriga (Lucas 1:41).

Quem é seu faraó? Quem é seu copeiro? Quem é seu cozinheiro?

Quem é seu faraó? Quem é aquele cujo sonho incluirá você e lhe promoverá e ainda financiará seu sonho?

Se você deseja ter um sonho de Deus,
deve estar rodeado de outros sonhadores,

pois eles inspiram sonhos em outras pessoas.

E quem lhe ajudará a encaixar as peças primeiro para chegar àquele ponto? Quando caminhamos em direção ao nosso destino, dois tipos de pessoas que precisam entrar em nossa vida são os "cozinheiros" e os "copeiros". Quem é seu cozinheiro? E quem é seu copeiro? O cozinheiro é aquele que reúne todos os ingredientes, e o copeiro é aquele que abre portas para as pessoas.

Um cozinheiro pode reunir ingredientes diferentes – uma xícara de farinha, um ovo, uma pitada de sal – e fazer algo com isso. Ele junta tudo e cria algo. Muitos de nós precisamos da ajuda de um "cozinheiro" para nos ajudar a organizar as coisas em nossa vida. Por que aquele negócio não dá certo? Por que seu casamento não melhora? Talvez você precise de um mentor que lhe auxilie a reunir e organizar tudo.

Depois, vem o copeiro, aquele que abre a porta. Ele é alguém que está no local certo e na hora certa para nós. Parece que surge do nada simplesmente para abrir aquela porta e depois disso desaparece. Ele nos dá uma porta pela qual podemos passar, uma oportunidade. O copeiro acabou sendo aquele que tirou José da prisão.

Lembro-me particularmente de um porteiro na história da nossa igreja. A Free Chapel começou num antigo rinque de patinação, e dali a igreja mudou-se para um pequeno prédio de blocos de cimento que comportava cerca de cinquenta pessoas. Em 1975, nos mudamos mais uma vez para um prédio na Browns Bridge Road em Gainesville, na Geórgia. Centenas de pessoas começaram a vir, estávamos crescendo em um ritmo acelerado. Então, em 1992 tivemos que nos mudar para a nossa quarta instalação, na McEver Road, em Gainesville.

Num sábado a noite, recebi uma ligação do respeitado evangelista R. W. Schambach. Ele disse que estava naquela área e que gostaria de pregar na minha igreja na noite seguinte. Nunca o havia conhecido em minha vida, mas, é claro, eu disse "Sim, você pode pregar na minha igreja."

No domingo a noite, ele chegou vinte minutos atrasado, o que significa que eu não consegui conversar com ele antes do culto. Ele me abordou enquanto eu levava a oferta, e e me perguntou: "Posso obedecer ao Senhor?"

O que você diria ao R. W. Schambach se ele lhe perguntasse isso? Eu respondi "Claro, vá em frente".

Ele pegou o microfone e disse: "O Senhor me trouxe a essa igreja e me revelou que quer e deseja que essa igreja tenha um ministério de televisão." Nunca, nos meus maiores sonhos, eu esperaria isso. E depois ele disse às pessoas "Tragam suas ofertas." E elas começaram a trazem milhares de dólares. Em alguns minutos, 138 mil dólares haviam sido arrecadados.

No fim de semana seguinte, saímos e compramos três câmeras de televisão e nosso estúdio de edição. Iniciamos em uma pequena estação de TV em Atenas, na Geórgia. Aconteceu uma coisa após outra (mais copeiros abriram mais portas!) e antes de percebermos, estávamos pregando para milhares de pessoas. Eu não tinha ideia de que aquilo aconteceria tão rápido. Sem que eu "mexesse os pauzinhos", cumpriu-se o sonho sobre o qual eu havia pregado para o meu povo mais de uma vez em nosso templo na Browns Bridge Road. Lembro-me de subir no púlpito quando não tínhamos muito dinheiro ou muitas pessoas e dizer "Um dia iremos pregar o evangelho para o mundo desde as colinas de barro vermelho da Geórgia!"

R. W. Schambach foi o "copeiro" para o meu sonho. Ele simplesmente apareceu, abriu a porta certa – e foi uma grande! Deus tem preparado copeiros, cozinheiros e faraós para o seu sonho. Comece a pedir que Ele os envie.

Por fim a realização

Todos nós sabemos como termina a história de José. Podemos ler o resto dela em Gênesis 42-46; é uma das melhores histórias da Bíblia. Faraó libertou José e o promoveu a primeiro ministro. A fome estava tão grande que fez com que os irmãos de José saíssem de Canaã para ir ao Egito suplicar por comida diante do próprio irmão deles. Acabaram curvando-se diante dele, assim como os feixes de trigo haviam feito no primeiro sonho de José tantos anos antes, aquele mesmo sonho que os havia enfurecido tanto na época. Agora, "quando os irmãos de José chegaram, curvaram-se diante dele, rosto em terra." (Gn 42:6).

José pôde olhar em seus olhos com verdadeira compaixão e lhes disse "Vocês planejaram o mal contra mim, mas Deus o tornou em bem, para que hoje fosse preservada a vida de muitos." (Gn 50:20). Mais cedo ou mais tarde, em sua vida, você precisará de um espírito de José, um coração capaz de perdoar aqueles que lhe machucaram, mesmo se forem da sua própria família. Um espírito de José pode dizer "Vocês me fizeram passar por muitas coisas ruins e o fizeram por mal. Mas Deus transformou o mal em bem. Vocês lançaram mal em mim, mas Deus causou um efeito bumerangue que o fez dar meia volta, virar bênção, e depois retornar para mim. Ele apenas os usou; foi isso que aconteceu. E de agora em diante eu irei abençoar vocês."

O Sonho de José e o Seu Sonho

Quando seus irmãos chegaram ao Egito, José já vivia ali por mais tempo do que havia morado na casa de seu pai em Canaã. Ele era um homem maduro de trinta e nove anos, grande aos olhos de todos. Ele tinha uma esposa e filhos. Era forte e saudável. Mas veja tudo por que ele teve que passar antes de alcançar isso.

Se indagarmos "O que um sonho faz?" Acho que uma das respostas que surgiriam seria "Um sonho nos conduz a vários tipos de novos territórios que nunca vimos antes. Ele nos agita. E ás vezes pensamos que ele morreu, ou simplesmente nos esquecemos dele. Porém, Deus sempre estará conosco e Seus sonhos são inesquecíveis. Se não desistirmos, irão acontecer."

Todas as coisas pelas quais José teve que passar, aplicam-se a nós, principalmente as partes sobre converter o mal em bem. O inimigo irá rir de nós ás vezes. Ali estamos, sentados num poço ou numa prisão, sem nenhum recurso. Mas Deus não permitirá que o inimigo assassine o sonho que Ele nos deu.

Você escreveu sua visão? Deixou claro desde os primeiros estágios? Então, você poderá continuar caminhando com ela. Se alguém tentar roubá-la, levante a cabeça e continue caminhando. Talvez você esteja em desespero, mas quem não estaria? Nunca desista. Se estiver demorando, não desista. Espere o quanto tiver que esperar. Se o sonho parece morrer, declare vida sobre ele. Veja Deus ressuscitá-lo, talvez mais de uma vez. Lembre-se constantemente de que você pode tudo naquele que te fortalece – Jesus Cristo (Fp 4:13). Diga a si mesmo que toda porta que precisar ser aberta *será* aberta. E tenha em mente que você não irá andar sem destino pela vida, pois seu sonho já se tornou parte do seu espírito. Era um peso, e você não sabia o que poderia fazer, mas agora você sabe que é um sonho, e ele está carregando *você*!

REVISÃO

Descobrindo Sua Missão de Vida

- Deus procura por pessoas para quem possa transferir Sua paixão e Seu sonho, pessoas a quem pode dar uma visão.

- Cada uma de Suas visões e sonhos passam pelo processo de nascimento, morte, e ressurreição. Deus não permitirá que o inimigo assassine seu sonho. Os sonhos de Deus são *inesquecíveis*. Eles sempre se cumprirão, mesmo quando parece demorar muito.

- Deixe que a história de José lembre você dos estágios da jornada do seu sonho. Você verá o campo da colheita, tempos de favor, tempos de desfavor, e a restauração do seu sonho depois. Verá como os sonhos dos outros se relacionam com o seu sonho.

• A questão não é o quão rápido chegamos ao cumprimento de nosso sonho, mas quão bem chegamos lá. Como a corrida da tocha nas antigas Olimpíadas gregas, precisamos cruzar a linha de chegada com a chama ainda acesa.

Capítulo 3

Você Alcançará
a Visão

Eu sou especialista em nunca prestar atenção na pequena luz vermelha do painel do carro que indica falta de combustível. Numa quarta-feira a noite, durante minha pregação, fiz uma piada sobre Dwayne, um dos nossos pastores, que havia conseguido milagrosamente ganhar peso durante nosso jejum de vinte e um dias. Naquela noite, eu estava indo para casa quando fiquei sem gasolina. Tentei ligar para todo mundo, e propositalmente evitei ligar para o Dwayne, apesar de saber que ele atenderia o telefone. Após muitas tentativas frustradas sem conseguir falar com alguém, tive que ligar para ele. Ele dirigiu até onde eu estava e me resgatou, levando um galão de gasolina, com um sorriso malicioso no rosto.

No dia seguinte, fui para Atlanta com minha família e passei o dia lá. No caminho para casa, Cherise e eu seguíamos nossas filhas, que estavam no carro delas. Elas aceleraram e nos deixaram para trás. Adivinha o que aconteceu? Nosso carro ficou sem combustível de novo. Ali estávamos, na estrada, sem nenhum posto de gasolina por perto. Ligamos para nossa filha mais velha e ela voltou para nos pegar, o que levou cerca de vinte e cinco minutos.

Com o carro dela, encontramos um posto, mas naquele lugar não havia nenhum recipiente para levar a gasolina. Portanto, comprei alguns litros de leite, esvaziei as garrafas e enchi com combustível. Quando voltei ao carro, Cherise disse "Você está de brincadeira? Como você vai colocar gasolina com uma garrafa de leite?" As meninas pegaram seus celulares e começaram a tirar fotos de todas as maneiras criativas com que eu tentei abastecer o carro.

Primeiro, tentei despejar lá dentro, mas escorreu para os lados do carro. Depois, peguei um copo de papel no carro sem perceber que as crianças haviam feito buraquinhos no fundo dele, então a gasolina foi derramada em mim quando a coloquei no copo. Cherise e as crianças não paravam de rir. Ela disse: "Você realmente não leva jeito para isso!" Então, pegou uma revista e dobrou como um funil e conseguiu colocar um pouco de combustível no carro. Isso tudo demorou mais ou menos uma hora e meia. Durante toda a volta para casa, eu tentei negociar com as crianças para que não contassem o acontecido para ninguém, mas já era tarde demais. Elas já haviam gravado tudo em seus celulares.

Você sentiu como se seu sonho tivesse sem combustível? Já tentou de tudo? Como colocar combustível no seu tanque?

O que acontece quando nossa visão fica sem combustível?

Há uma época de nossas vidas em que a visão fica "sem combustível". *Achamos* que a visão se cumprirá. *Esperamos* chegar lá, apesar de ela não estar nada aparente no momento. Tentamos de tudo para mover o sonho novamente. Eventualmente, uma mudança acontece. Descobrimos como colocar mais um pouco de gasolina e tudo começa a caminhar de novo. É aí que temos a *certeza* de que conseguiremos chegar à realização da visão.

Sonhos, visões, e destinos não são apenas para pessoas excepcionais como Paulo.

Em II Coríntios 12:1 vemos Paulo falar de suas visões, pouco antes de começar a descrever "um homem" (provavelmente ele mesmo) que foi arrebatado ao terceiro céu. Mas será que aquele era um caso especial? Será que isso não pode se aplicar a mim e a você? Sim, pode – sonhos, visões, e destinos não são apenas para pessoas excepcionais como Paulo. Talvez não tenhamos as mesmas visões que ele, mas temos visões de acordo com a vontade de Deus para nossas vidas. Sabemos as coisas que Deus quer que conquistemos, e devemos chegar a um ponto que devemos reconhecê-las como nossas.

O não estabelecimento de metas.

Agora, preciso fazer uma distinção aqui. Em muitos lugares, hoje em dia, ouvimos sobre estabelecer metas. Ouvimos isso na escola e no trabalho. Parece que todas as "histórias de sucesso" falam sobre isso. Não há nada de errado em ter objetivos, mas uma visão não é a mesma coisa. Estabelecemos metas com nossas mentes humanas carnais, mas uma visão é originária de Deus. É algo espiritual. Deus a coloca em nosso espírito. E quando nos conectamos com Ele, começamos a vê-la mais claramente.

Quando começamos a alcançar a visão, é como se ouvíssemos Deus dizer "*Esse* é o seu potencial! É isso que vejo você fazendo. Esse é o Meu sonho e a Minha visão e o Meu destino para sua vida." Sempre será algo maior do que já pensamos em fazer ou ser. Sempre será impossível de conquistar sem o auxílio contínuo do Espírito Santo.

No entanto, a ideia não é sua no primeiro momento. É Dele. É a ideia de Deus para você.

Eu entendo como é sentir-se inseguro acerca da visão. Sempre pensamos "Será que vai acontecer?" e torcemos para que algo aconteça. Porém, chega um tempo em que abadonamos a esfera do pensamento e do achismo e chegamos à esfera do "*irá* acontecer".

Quando começamos a alcançar a visão, é como se ouvíssemos Deus dizer "Esse é o seu potencial!"

Foi isso que aconteceu com Paulo. Algo mudou. Depois disso, ele podia afirmar que alcançaria a visão. Sua fé de repente deu um salto quântico, e ele realmente creu que Deus o estava levando a um lugar onde nunca havia estado antes. O mesmo acontecerá com você. Nosso espírito enxerga a realidade de Deus para nós e captura o fôlego dela. E, de repente, percebemos que estamos prestes a pisar em algo que vai além de nós mesmos. Percebemos que também alcançamos a visão que Deus plantou em nosso espírito. Não importa mais o que o diabo tenha tentado colocar em nosso caminho. Nós *conseguiremos*.

Qual é aquela coisa pela qual você está esperando? Aquilo pelo que você mal pode orar porque parece tão fora de alcance? Mas você *tem* orado. Tem orado em segredo. E tem pensado muito sobre isso. Tem ansiado por isso mesmo sem ter tido coragem de contar a alguém.

Até Paulo nem mesmo conseguia contar algo para as pessoas, pois não se sentia merecedor de sua experiência. Ele foi elevado a um lugar mais alto. Isso o transformou. Depois daquilo, ele pôde caminhar corretamente. Tinha muita certeza de que Deus o havia visto. Podia compartilhar aquela inspiração com os outros. Pôde escrever sobre suas visões na carta ao Coríntios.

Ele virou uma página. Agora conhecia a verdade. Muitos outros detalhes de sua vida permaneceram da mesma forma. Ele ainda era arrastado pelas circunstâncias. (Você será também). Ele ainda não havia visto a completa realização de seu sonho, mas sua fé havia sido incendiada como nunca antes. Ele teve uma visão.

Sinto-me compelido pelo Espírito Santo a dizer-lhe algo. Não importa pelo que você esteja passando agora, você conquistará seu sonho. O inferno não pode impedir; os demônios não podem impedir – você conseguirá!

Talvez você não tenha o sonho de estar no ministério quíntuplo – pregar, ensinar, etc. Todo nós temos chamados diferentes; nem todos devem ser pregadores ou fazer parte da equipe do ministério. Alguns são chamados para serem mecânicos, ou enfermeiros, ou empresários. Porém, se você pertence a Deus e não desiste, sua visão se cumprirá.

A forma como sabemos para o que fomos chamados é que não conseguimos fazer outra coisa e ficar feliz. Então realmente sabemos para o que fomos chamados! Se você tivesse muito dinheiro, uma mansão, um carrão, isso tudo lhe faria feliz? Você se sentiria completo? Tenho certeza de que seria maravilhoso, mas isso não seria suficiente para esse pregador aqui, pois "Ai de mim se não pregar o evangelho!" (1 Co 9:16). É assim que funciona o chamado de Deus. Não consigo estar feliz em nenhum outro lugar.

Quando Ele chama você para o campo missionário, ou para ser um evangelista, ou para montar uma corporação, não há como escapar. "Pois os dons e o chamado de Deus são irrevogáveis" (Rm 11:29). O chamado de Deus para nós é irrevogável. Isso significa que não podemos fugir.

Basta dizer "Deus, revela Teus propósitos a mim. Revela-os a mim." Dê a Ele permissão para mostrar-lhe Sua visão. Alguns podem sonhar em ser secretários, ou trabalhar nos bastidores, ou fazer coisas que parecem insignificantes. Mas tenho uma boa notícia para você – se for plano de Deus, será maravilhoso!

Candidate-se

A fim de conhecer a visão, é preciso *candidatar-se* a ela assim como nos candidatamos a um emprego. Não dá para simplesmente ficar flutuando pela vida esperando que ela aconteça.

Devemos crer que todas as coisas são possíveis – mesmo em nossa própria vida. Devemos tirar nossos olhos do chão e fixá-los em Deus. Peça a Ele que mostre-lhe sua visão. Candidate-se. Diga "Deus, eu quero o Seu sonho". Busque Seu desejo hoje e todos os dias. E quando parecer ter sido roubado de você, declare vida ao seu sonho. Declare: "Viva, sonho, *viva*. Viva, viva, viva!"

Não seja passivo. Não seja o tipo de pessoa que vive flutuando. Se flutuarmos pela vida, ela irá nos mastigar e depois nos engolir.

Ao invés disso, seja ativo. Agarre seu sonho, pois ter um sonho nos faz ser disciplinados e nos dá o poder do qual precisamos para olhar para as tentações e dizer "Não – isso iria destruir o meu sonho. Não – eu sei aonde estou indo, e não é para essa direção. Esse caminho fará com que eu me perca."

Enquanto Sansão tinha um sonho, ele era invencível. Quando perdeu sua visão, foi vendido por uma mulher de 40 quilos, Dalila. Enquanto Davi tinha um sonho, ele era invencível, mas quando o perdeu, caiu em tentação sexual e adultério. Você precisa de um sonho para se manter focado e disciplinado.

Quatro Consequências de Um Sonho

Diante do Rei Agripa, o apóstolo Paulo disse "não fui desobediente à visão celestial" (Atos 26:19). Em outras palavras, "Deus me deu uma visão e eu não fui desobediente a ela." Paulo estava dizendo que apesar dos contratempos, das dificuldades, e da adversidade (que virão contra qualquer sonho), ele não havia sido desobediente à visão celestial. Ele não desobedeceu, pois, junto com a visão, Deus fez quatro coisas por Paulo. E quando recebermos uma visão de Deus para nossa vida, Ele absolutamente fará essas mesmas coisas por nós!

A visão nos *paralisa*.

No caminho para Damasco, a visão parou Paulo. Conhecemos a história. No meio do dia, ele cavalgava, e viu uma luz muito forte. O Filho de Deus apareceu a ele tão brilhante como o sol do meio-dia e o derrubou do cavalo. De repente, ele foi paralisado.

Algo acontecerá com você quando descobrir o plano perfeito de Deus para sua vida. Ele paralisará seu caminho. Talvez você estará feliz fazendo o que estiver fazendo, quando, de repente, tudo mudará instantaneamente. A visão nos paralisa.

A visão nos *envia*.

"*Vá*! Este homem é meu instrumento escolhido para levar o meu nome perante os gentios e seus reis, e perante o povo de Israel. Mostrarei a ele o quanto deve sofrer pelo meu nome." (Atos 9:15-16, ênfase do autor). Essa foi a palavra profética de Deus sobre Paulo em Damasco.

Além de *paralisá-lo* no que estava fazendo, a visão de Paulo o *enviou* para Roma e outras nações para se apresentar diante de grandes reis e ser uma testemunha de Cristo. Quando realmente recebemos uma visão de Deus em nossa vida, ela nos envia a algum lugar, nos envia a outras pessoas. Essa é uma forma como podemos diferenciar visão e ambição. A primeira vem de Deus e nos faz ajudar os outros, enquanto a segunda vem da carne e nos faz usar os outros. Não podemos confundi-las, pois são muito diferentes.

Não estou dizendo que é errado ter a ambição necessária para alcançar sucesso. Não há nada de errado em querer ser, por exemplo, um empresário bem-sucedido, se puder usar seu sucesso para ajudar outras pessoas e construir o reino de Deus. Não há nenhum erro em querer ser uma pessoa influente, ou sonhar em ser um atleta famoso, ou um grande governante, ou um bom advogado, ou o presidente do seu país, desde que isso esteja relacionado a glorificar o nome de Deus e abençoar Seu reino.

Quando Deus nos promove, não o faz para que sejamos vistos, mas para usar nossa influência para tocar pessoas. Uma visão dada por Ele pode nos levar a novos lugares e novos rostos.

A visão nos *fortalece*.

Primeiro, Deus enviou uma visão que paralisou Paulo, e depois o enviou. Depois disso, o Senhor deu a ele a força de que precisava para carregar a visão – por anos e anos, em meio a todos os tipos de dificuldades. Ele fará o mesmo por nós para que, quando a adversidade chegar, quando o inferno atacar, tenhamos força para levantar e continuar. Somente uma visão e um sonho reais podem fazer isso!

Nunca conheci alguém que tenha feito algo significativo sem ter enfrentado dias, semanas, ou meses de oposição. Faz parte do pacote.

Uma visão de Deus nos enche de força, e então podemos avançar apesar de tudo! A Bíblia diz que Jesus "pela alegria que lhe fora proposta, suportou a cruz, desprezando a vergonha" (Hebreus 12:2). Ele tinha determinação sobrenatural. Mesmo enquanto aqueles soldados o flagelavam, Ele suportou e não permitiu que aquele ataque temporário de surras e pregos o impedisse de cumprir a maior visão já dada pelo Pai a qualquer pessoa.

Ele estava com os olhos na alegria enquanto O matavam. Estava olhando para a alegria vindoura enquanto prendiam Suas mãos e Seus pés na cruz. Por causa da alegria proposta adiante, Ele suportou a dor escaldante, o abandono, a certeza da morte! Ele conseguia ver a visão. "Posso suportar a cruz hoje porque sei para onde irei amanhã!" Isso O fortaleceu para que pudesse aguentar até o Seu amanhã. Você já havia pensado nisso antes? Isso se aplica para nossas circunstâncias também. "Onde estou agora não é para onde estou indo".

Quando Paulo disse que não havia sido desobediente à visão celestial, que tipos de desafios a sua obediência ele teve que enfrentar? Veja essa lista de contratempos e circunstâncias difíceis. Deus deve ter dado a ele força mais que suficiente para passar pelas mais pesadas provas: longas viagens caminhando pelos mais diversificados tipos de terreno e outros meios de transporte perigosos, trabalho exaustivo, encarceramentos, surras, chicotadas e apedrejamentos, ameaças de morte, três naufrágios, insônia e frio, fome e sede, e pobreza. (Veja a lista completa em II Coríntios 11:23-28).

Sim, ele passou por tudo isso e mais. Porém, Paulo, o grande apóstolo, pensa nisso como pequenas aflições: "Embora exteriormente estejamos a desgastar-nos, interiormente estamos sendo renovados dia após dia, pois os nossos sofrimentos leves e momentâneos estão produzindo para nós uma glória eterna que pesa mais do que todos eles." (2 Coríntios 4:16-17)

Naquele mesmo capítulo, antes de dizer a Agripa "não fui desobediente à visão celestial" (Atos 26:19), ele olhou para aquele rei mau e disse "considero-me feliz..." (v.2). Amo esse versículo! Quero escrever um livro entitulado *Considero-me feliz*. Não é um bom título? Você sabe como funciona: se achamos que vamos ficar deprimidos, nos consideramos deprimidos. "Sou deprimido." Por quê? Porque estamos pensando nisso. Bem, é tempo de nos considerarmos felizes! Isso não faz você começar a ficar feliz só de pensar?

Então, o que ajudou Paulo quando ele passou por todas aquelas coisas? Uma grande visão. Seu sonho era muito maior do que qualquer aflição da vida. Ele poderia se considerar feliz por causa do chamado de Deus em sua vida.

A visão nos *estica*.

O sonho de Paulo o esticou, o expandiu. A visão o ajudou a se tornar o que ele nunca se tornaria sem ela. Ele aprendeu que a jornada é mais importante do que o destino.

> *O louvor ungido e real acontece quando nos lembramos do que tivemos que enfrentar.*

É como nas Olimpíadas. Quando aqueles atletas sobem no pódio e recebem suas medalhas de ouro, frequentemente acabam chorando. Não choram pelo momento da entrega das medalhas, mas porque pensam em todas as coisas que tiveram que suportar para chegar lá: as bolhas nas mãos, os ligamentos rompidos, as muitas vezes que não puderam sair como qualquer pessoa comum, pois estavam treinando. Não choram porque pensam no momento da premiação; pensam na jornada.

É isso que é louvor. Não louvamos a Deus apenas porque nos sentimos bem agora. O louvor ungido e real acontece quando nos lembramos do que tivemos que enfrentar. Conseguimos! "Sim, estou emocionado porque pensei que não venceria, mas consegui. Louvado seja Deus!"

Você já deu uma medalha de louvor a Deus? Talvez as outras pessoas não tenham entendido. "Por que?", elas indagam. "A música nem era *tão* boa assim". Elas não entendem que você não está pensando apenas naquele momento, mas em tudo pelo que passou. Algo partiu seu coração alguma vez, e você achou que não conseguiria, mas Deus foi fiel e agora você se sente maravilhado com a medalha de ouro. Isso estica você.

A visão que Deus nos dá nos estica. Estudos mostram que uma pessoa normal utiliza apenas 5 por cento de sua habilidade mental. Muitas pessoas nem mesmo se colocam em situações que as force a aumentar sua fé, seu talento, ou seus recursos. Um elástico é ineficaz a menos que seja esticado. Na verdade, podemos dizer que um elástico não cumpre sua função até que seja esticado.

O mesmo é verdade para nós. O que está esticando você agora? Seu trabalho? Seu ministério? Ou você está satisfeito em sua zona de conforto? "Ai de vocês que vivem tranquilos em Sião" (Amós 6:1).

O sonho de Paulo o esticou. A visão dada por Deus o ajudou a tornar-se o que jamais se tornaria sem ela. A maioria das pessoas evitam esticar-se. É por isso que Deus frequentemente tem que trazer algum tipo de motivação para que nos estiquemos. Não o faremos naturalmente.

Uma vez, ouvir uma história sobre um multimilionário do Texas que estava fazendo um churrasco no quintal de sua enorme fazenda. Centenas de convidados compareceram àquele evento de prestígio. Ele pediu para que alguns homens caminhassem com ele até a piscina. Quando chegaram lá, ficaram chocados ao ver a piscina cheia de jacarés. Alguém lhe perguntou o porquê daquilo. Ele explicou que a principal característica que ele admirava numa pessoa era a coragem. Então, ele havia feito uma promessa de dar metade de sua fortuna para o homem que nadasse na piscina cheia de jacarés. Quando eles deram meia-volta para voltar para o churrasco, ouviram uma pancada na água. Ao virar-se, ficaram surpresos ao ver um dos homens nadando o mais rápido que podia enquanto os jacarés o perseguiam e o abocanhavam. De alguma forma, o nadador consegiu chegar inteiro ao outro lado da piscina. O milionário ficou tão impressionado que deu dois tapas nas costas do homem e disse: "Nunca havia visto tanta coragem e ousadia em toda a minha vida. Darei a você metade de tudo o que possuo. Apenas diga-me o que você quer." O homem respondeu: "Eu só quero encontrar a pessoa que me jogou na piscina!"

Deus já lhe colocou em algo com o qual você nunca teria se envolvido voluntariamente? Sucesso é enfrentar os desafios da vida e não retroceder.

Toda pessoa que já foi um instrumento de Deus teve que ser esticada. Quando Eliseu orou pelo menino morto, ele se debruçou sobre o garoto (II Reis 4:34). Depois disso, aconteceu o milagre! A fim de alcançar um milagre, sua fé e suas ações terão que ser esticadas como nunca antes.

Sucesso é enfrentar os desafios da vida e não retroceder.

John F. Kennedy contou a seguinte história sobre seu bisavô, Thomas Fitzgerald, que cresceu na Irlanda. No interior, havia paredes de pedras irregulares que separavam os campos. Quando ele era pequeno, ele e seus amigos gostavam de escalar aquelas pedras. Ás vezes era muito difícil, então para ajudá-lo a conseguir, Fitzgerald jogava seu chapéu do outro lado da parede para que ele não tivesse escolha. Isso o motivava. "Agora tenho que conseguir. Não posso ir embora sem meu chapéu." Acho que alguns de nós precisam fazer a mesma coisa. Se jogarmos nosso "chapéu" para o outro lado da parede ou da montanha ou do obstáculo que estamos enfrentando, nos motivaremos a nos esforçar mais, a nos esticar. Nossa ação também informa ao inimigo que não planejamos desistir. Seja o que fizermos, almejamos o sucesso, pois há algo importante para nós lá.

A maioria das pessoas ficam vulneráveis quando são esticadas. Assim como um elástico fica mais propenso a arrebentar quando é esticado, isso também acontece conosco quando nos esticamos para alcançar a visão de Deus. Ficamos vulneráveis quando nosso sonho faz com que nos estiquemos.

Lembre-se de que toda pessoa que já foi esticada foi também tentada a desistir pois se sentiu desencorajada. Por isso, precisamos nos rodear de pessoas que nos encorajam. E a forma mais fácil de receber encorajamento é encorajando. Davi e Jônatas. Jônatas encorajava Davi. (Ver I Samuel 23:16.) Mas, mesmo quando ele já não tinha mais Jônatas, a Bíblia diz que Davi "fortaleceu-se no Senhor" (I Sm 30:6). Ele não queria desistir, apesar de estar desencorajado. Ele conhecia essa verdade: quando paramos de nos esticar, as pessoas ao nosso redor param de se esticar.

Precisamos de afirmação quando nos esticamos. O momento mais importante para encorajar uma pessoa é quando ela está em risco. Outra coisa que nunca aprendemos é que não devemos parar de nos esticar. Uma palavra que você nunca encontrará na Bíblia é *aposentadoria*. Devemos nos esticar e esticar e esticar pelo resto de nossas vidas.

Acredite em Si Mesmo

Antes de poder descobrir o que Deus nos chamou para fazer ou antes de alcançarmos todo nosso potencial, temos que encontrar uma base duradoura sobre a qual construir nossa auto-estima. Assim como nossas crenças podem nos fazer avançar, nossa baixa-estima pode nos travar. Ela consiste no comitê da nossa mente que nos diz que não somos capazes, que não merecemos, e que nunca conseguiremos.

Sua baixa-estima produz que pensamentos? Desafio você hoje a trazê-los à luz e expô-los à Palavra de Deus. Não deixe que eles controlem você ou decidam seu futuro. Recuse transformar qualquer pensamento em uma palavra que contradiga o que Deus diz sobre você. Não podemos declarar morte sobre nossos sonhos e esperar vê-los se realizarem.

Paulo diz "Deus nos escolheu Nele antes da fundação do mundo" (Efésios 1:4). Mesmo se ninguém nos valorizar ou mostrar amor de alguma forma, esse versículo quebra e dissipa toda rejeição nos informando que Deus nos escolheu. Imagine, você foi foi criado por Deus e desenhado para um propósito específico em um tempo e um lugar precisos! Uau! Você foi criado para ocupar um determinado lugar que ninguém mais poderia ocupar. Você foi escolhido.

Então, pare de tentar ser outra pessoa! Se desistirmos de ser quem somos, acabaremos sendo mais uma pessoa que Deus não precisa. Ele nos criou de uma forma precisa, para um propósito específico que somente cada um de nós poderá cumprir. Pense sobre isso: apesar do que gostamos ou não em nós mesmos, devemos nos sentir bem porque Deus nos escolheu. Pare de duvidar de si mesmo e de competir com os outros, ninguém pode tomar o que Deus reservou para você! Hoje você tem uma escolha; deixar que os outros determinem seu valor ou deixar que Deus faça isso.

Em Gênesis 1:31, lemos "Deus viu tudo o que havia feito, e tudo havia ficado muito bom." Antes de nascermos, Deus já nos havia visto, e conhecia o propósito específico para o qual fomos designados, então nos deu os dons que precisaríamos. Ele olhou para nós e disse "Muito bom."

Hoje você tem uma escolha; deixar que os outros determinem seu valor ou deixar que Deus faça isso.

Você pode aplicar isso sobre si mesmo também? É importante que sim, pois os outros nos tratam da mesma forma como nos tratamos a nós mesmos. Se você não gosta da maneira como as pessoas lhe respondem, pare e pergunte: "Que mensagem estou passando?" A fim de sermos bem tratados, temos que enviar a seguinte mensagem: "Sou alguém porque Deus me fez alguém. Portanto, me sinto bem comigo mesmo."

Estamos falando aqui sobre a força interior que faz com que, quando entramos numa sala, os outros perguntem: "Quem é aquele(a)?" Não fazem essa pergunta por causa de nossa aparência física, mas porque nossa presença tem impacto. Não é orgulho; é apenas auto-estima saudável baseada na opinião de Deus sobre nós. Eu chamo isso de Deus-estima! Quando a temos, ela afeta a forma como conversamos, nos candidatamos a um emprego, ministramos, e até como oramos. Isso mesmo, se pensamos que não temos valor, oramos com menos fé e concluimos que as promessas de Deus não são para nós.

Estime quem você é, e desenvolva o que Deus lhe deu. Pare de desejar ser outro alguém. Você tem uma combinação única dos dons e talentos de Deus e tem um destino especial na Terra.

Gideão é um exemplo de alguém que não estava exatamente numa fila de voluntários. Ele não estava esperando ser esticado ou usado por

Deus. Na verdade, ele estava se escondendo debaixo de um carvalho seco com medo dos inimigos midianitas. Então, veio o anjo do Senhor, dizendo "Você é um poderoso guerreiro" (ver Juízes 6:12). Gideão não se considerava um, mas Deus enviou um anjo para ajudá-lo a se enxergar dessa forma.

A história continua e conta como ele organizou seu exército. Quando ele tocou a trombeta, 32.000 israelitas se alistaram para lutar contra o exército midianita. Na verdade, aquilo não foi tão surpreendente, pois os midianitas tinham 250.000 homens, logo 32.000 era apenas uma gota no balde.

O que Deus decidiu fazer foi incrível. Ele decidiu diminuir o exército. Primeiro, fez Gideão "desconvidar" aqueles que estavam com medo, que eram muitos – 22.000 para ser exato. Agora, o exército contava com 10.000 homens (e os midianitas não haviam perdido nenhum homem de seu exército).

Veja, ás vezes Deus nos diminui para nos salvar. Pode parecer que você esteja em desvantagem de alguma forma em sua vida, mas sempre que Deus nos diminui é para nos levar de volta a nossa fonte. Não há lugar melhor e mais seguro do que estar no centro da vontade de Deus, mesmo se parecer ser desvantajoso. Com Deus existe subtração abençoada. É quando Ele nos diminui para desenvolver nossa fé Nele.

Gideão obedeceu quando Deus lhe mandou levar os homens para beberem água. E ele percebeu como eles bebiam. Aqueles que usaram as mãos para beber a água seriam aqueles que Deus usaria para trazer a vitória a Israel. Então, dos 10.000, restaram apenas 300.

Por que os que usaram as mãos? Acho que é porque os homens que usaram as mãos tiveram que ter as mãos vazias. Tiveram que deixar as armas de lado a fim de colocar a palma na água. É como se Deus estivesse dizendo, "Venham a Mim com mãos vazias. Deixem suas armas carnais. Não usarei nada de que vocês dependem para vencer essa batalha."

Além disso, aqueles que mergulharam as mãos na água acabaram com as mãos limpas. Deus quer usar pessoas que tem mãos vazias, limpas! Isso representa um nível de consagração e santidade que precisamos ter quando Deus quer nos usar contra o diabo. Ele quer usar pessoas que obedecem sem hesitação.

Por fim, Gideão percebeu que "nem por força nem por violência, mas pelo meu Espírito, diz o Senhor dos Exércitos" (Zacarias 4:6). Ele entendeu que Deus havia reduzido o número de homens para que compreendessem que números não importam onde a força Dele ocupa o primeiro lugar. Deus era seu refúgio, sua força.

Precisamos ter cuidado ao colocar nossa confiança em números. Davi sofreu seu maior julgamento quando ele fez um censo de Israel (2 Sm 24). Há duas coisas que devemos lembrar sobre números, quando dizem respeito a Deus:

- Nunca permita que os números louvem você.
- Nunca se permita a louvar os números.

Deuz sozinho tinha a vitória em Suas mãos. A fraqueza de Gideão não seria explorada pelo inimigo. Ao invés disso, seria usada pelo Senhor dos Exército para mostrar seu magnífico poder.

O pior pesadelo do diabo

Depois, o que Deus disse para Gideão fazer? Ele disse "Quero que você vá e ouça o que está acontecendo no acampamento do inimigo." Então Gideão levou seu servo consigo e foi até lá. (Ver Juízes 7:13-15).

Aquela foi uma ordem estranha. A fim de fazer com que Gideão tivesse confiança, Deus mandou que ele fosse ouvir o que seus inimigos estavam dizendo sobre ele. Ele queria mostrar-lhe como ele era visto com os olhos de Deus – e com os olhos dos inimigos. O mesmo vale para nós. Se pudermos nos enxergar através dos olhos do inimigo, nossa confiança aumentará.

Deus precisou que Gideão acreditasse que poderia fazer o que Ele lhe havia ordenado. Então, a fim de construir sua confiança, o Senhor lhe disse: Esconda-se atrás de uma moita e ouça o que os midianitas estão falando sobre o seu potencial."

O pior pesadelo do diabo é que eu e você acordemos e reconheçamos nossa autoridade em Cristo.

Foi assim que ele ouviu sobre o pesadelo. Um dos soldados inimigos havia tido um pesadelo sobre a invasão de Gideão. O pão de cevada representava o exército de Israel e também representa o pão ou a Palavra de Deus. Uma palavra do Senhor faz com que o diabo tenha pesadelos. Uma pessoa, como Gideão, que não tem nada com que começar – dinheiro, nem poder, nem nada – pode demolir a fortaleza do inimigo com uma única palavra de Deus.

Pense nisso. O pior pesadelo do diabo é que eu e você acordemos e reconheçamos nossa autoridade em Cristo ao invés de resmungar "Eu sou o menor de todos, sou o menor das tribos, tenho tanta coisa contra mim." Quando descobrimos nosso propósito e como Deus quer que abordemos a batalha para vencer, saberemos que a vitória já é nossa, e *isso* deixará o diabo preocupado.

Essa é forma como tem que ser, você não acha? São as forças do acampamento do inimigo que devem ficar preocupadas – não os ungidos do Senhor. Mas, frequentemente, o contrário acontece. O acampamento errado é que se aflige.

O pior pesadelo do diabo é que enxerguemos além de nossa visão terrena e vejamos com os olhos celestiais, como Gideão fez quando ouviu o que estava acontecendo no acampamento dos midianitas. O inimigo sabe que ele já é derrotado, e espera desesperadamente que não saibamos disso. O pior pesadelo do diabo é que nós saibamos o que estão falando sobre nós no acampamento do inimigo. Quando Gideão ouviu quão temeroso estavam os soldados de Midiã, sua fé decolou a ponto de poder dizer "Creio que posso fazer qualquer coisa". Pois, como o homem imagina assim ele é (ver Provérbios 23:7, ACF). O que seu inimigo e seus companheiros têm falado sobre você e o seu potencial? Asseguro-lhe que você ficaria surpreso em saber.

Lembro-me de que, quando o Senhor me chamou para pregar, eu me senti como Gideão. "Sou pobre. Sou da pequena tribo de Benjamin. Sou o mais jovem da minha família." (ver Juízes 6:15). Em outras palavras, "Eu sou um ninguém". Essa é uma atitude auto-destruidora que é muito comum. Isso é o que muitos de nós dizem em meio as suas batalhas: "Estou derrotado; não tenho nada. Não tenho talentos, não sou especial, sou apenas mais um."

Enquanto isso, no terreno inimigo eles estão tendo pesadelos conosco. A única esperança deles é que nos aprisionemos em nosso antigo modo de pensar. Se não respondermos ao sonho de Deus para nossas vidas, o inimigo vencerá. Se ele puder fazer com que achemos que não ouvimos Deus, talvez consiga prevalecer.

O que quero lhe dizer é que você é mais importante do que imagina ser. E pessoas importantes fazem coisas importantes. Acredite, você pode. Construa seu negócio, conquiste aquele diploma, inicie aquele ministério, faça nascer aquele sonho. Se você pode acreditar, você pode ser alguém.

Não desista.

Não é tempo de retroceder. Não é tempo de perder a coragem. Não é tempo de "processar" o que está acontecendo com você. É tempo de dizer "Deus, mostra-me quem eu realmente sou em Ti e o do que eu sou capaz."

Este é o momento de ver as coisas de forma diferente. Gideão liderou seu pequeno exército na batalha contra 250.000 homens, e tudo o que eles possuíam era uma trombeta e jarros frágeis que continham tochas. Quando Gideão disse "Quebrem os jarros", as tochas se acenderam (ver Juízes 7:19). Os soldados inimigos entraram em pânico e começaram a matar tudo a sua frente – ou seja, uns aos outros! Gideão e seu pequeno exército devem ter ficado segurando as tochas boquiabertos (ver Juízes 7:22-23).

Veja, a quebra dos jarros representa o desejo de sermos quebrados para que a luz de Deus brilhe em nós. O sonho Dele para nossa vida pode ser realizado mesmo em face de dificuldades insuperáveis. Será que se Deus nos quebrar ainda confiaremos Nele e tocaremos a trombeta para glorificá-Lo? Será que podemos passar por uma experiência difícil – um problema financeiro, um divórcio, uma perda de emprego – e ainda manter nossa tocha de fogo santo?

Então, alcançaremos a visão. Acreditaremos que vamos conseguir. Tomaremos posse do poder do nosso sonho, do destino que Deus colocou em nosso espírito quando nos criou.

REVISÃO

Você Alcançará a Visão

- Deus é quem dá visões. Peça a sua a Ele.

- As visões fazem quatro coisas: nos paralisam, nos enviam, nos fortalecem, e nos esticam.

- Deixe que a história de Gideão lembre você de três coisas: como Deus lhe vê, a importância da obediência, e o poder do quebrantamento.

- Lembre-se – o inimigo é quem deve ter pesadelos, não você!

Capítulo 4

AGARRE SEU SONHO

Bem, se alguém me desse uma ajuda na vida, eu poderia até conquistar alguma coisa." Quantas vezes você já ouviu (ou disse) algo do tipo? Muitas vezes as pessoas colocam as mãos no bolso e assistem a vida passar, esperando por um momento de sorte, achando que são relegadas para segundo plano.

Descobrir o desejo de Deus para nossas vidas não deveria depender da "sorte" ou do "acaso". E apesar da forma como a vida tem nos tratado, o sonho Dele *não* vai desistir de nós e nos jogar no lixo. Ele não é limitado por nossas circunstâncias. Afinal de contas, é o mesmo Deus que pegou o nada e o transformou em algo – esse grande mundo inteiro! Ele pode e irá fazer o mesmo em sua vida, mesmo que você a considere uma derrota.

Ao nos conectarmos com Jeová, temos esperança porque Ele é especialista em pegar o nada e o ninguém e transformá-los em algo lindo.

Aqui está o porquê:

Os velozes nem sempre vencem a corrida;
os fortes nem sempre triunfam na guerra;
os sábios nem sempre têm comida;
os prudentes nem sempre são ricos;
os instruídos nem sempre têm prestígio;
pois *o tempo e o acaso afetam a todos.*
Além do mais, ninguém sabe quando virá a sua hora:
Assim como os peixes são apanhados numa rede fatal
e os pássaros são pegos num laço,
também os homens são enredados pelos tempos de desgraça
que caem inesperadamente sobre eles.

— ECLESIASTES 9:11-12, ÊNFASE DO AUTOR

"O tempo e o acaso afetam a todos." Outra forma de dizer isso é: Deus dá a *todos* uma chance de destino. Ele nos criou para algo, e não apenas para ocupar um espaço na Terra por um período e usar um pouco de oxigênio. Você quer fazer a diferença ou apenas ocupar espaço?

Colidindo com nosso destino

O tempo e o acaso afetam a todos nós. Você sabe o que a palavra *acaso* significa nesse contexto? Significa "colidir com nosso destino". Isso significa que estamos destinados a uma colisão com a vontade de Deus para nossa vida. Ele planejou que colidamos com nosso destino.

Bem antes de você ser criado, havia um pequeno espermatozóide entre milhares de outros correndo para ser *você*. Milhões deles nadavam, tentando chegar àquele ovo. E você venceu. Foi um em um milhão! Você é um vencedor, não um acidente. Uma semente e um ovo não podem se unir e se tornarem um ser vivo se Deus não conceder vida. Ninguém é um derrotado. Toda vida tem um destino. Deus deseja que cada um de nós colida com seu destino. Ele quer que saibamos por que nascemos.

Portanto, há uma promessa e um aviso nessas palavras. A promessa é que cada um de nós tem um destino ordenado por Deus. O aviso é que podemos perder nosso destino quando o momento certo chegar se estivermos envolvidos em algo com o que não temos nada a ver.

Nosso destino está conectado a um tempo específico. "Além do mais, ninguém sabe quando virá a sua hora: Assim como os peixes são apanhados numa rede fatal e os pássaros são pegos num laço, também os homens são enredados pelos tempos de desgraça que caem inesperadamente sobre eles" (Ec 9:12). Visto isso, o aviso de Deus para nós é que não nos deixemos distrair ou confundir pelas armadilhas do diabo quando estivermos colidindo com nosso destino, ou correremos o risco de perder nosso momento para sempre. Satanás se torna ativo em nossas vidas quando vê que estamos prestes a alcançar nosso destino. Ele tenta lançar em nós todas redes que puder.

Uma rede é qualquer coisa que nos confina e controla, que nos impede de caminhar com Deus. Pode ser uma rede de vícios, álcool ou drogas, ou de ofensa e falta de perdão. Ninguém quer ficar preso numa rede ou em algo do tipo e perder sua chance de liberdade. Quando capturados por uma rede, os peixes não podem nadar, os pássaros não podem voar – e nós não podemos cumprir nosso sonho ou destino.

Satanás se torna ativo em nossas vidas quando vê que estamos prestes a alcançar nosso destino.

Vejo muitos jovens falando o seguinte: "Vou entregar minha vida a Jesus quando eu estiver pronto. Vou me divertir um pouco primeiro." Eles estão amarrados na rede da popularidade, das festas e da pressão dos colegas. Outros ficam presos em redes de relacionamentos errados e perdem o momento de seus destinos.

"O tempo e o acaso" já estão predestinados, prontos para cada pessoa. Porém, se estivermos presos numa rede de pecado e amargura, seremos impedidos. Peça a Deus para fazer algo quanto a isso. Peça para que Ele faça como fez com André, que estava envolvido com suas redes quando Jesus foi até ele e disse "Siga-me" (ver Mt 4:18-20). André nunca O havia visto antes. Jesus não esperou por uma resposta. Não deu a ele muito tempo para pensar, apenas disse "Siga-me". E André largou as redes e O seguiu. O que teria acontecido se ele estivesse enroscado em suas redes?

André não perdeu o encontro com seu destino. Quando o destino bateu a sua porta, ele largou as redes. Agarrou seu futuro e se tornou um discípulo de Jesus. Todo o reino de Deus estava conectado naquele momento.

Já conheci pessoas que não puderam cumprir o chamado de Deus de ir ao mundo e pregar o evangelho porque estavam enroscadas na rede da dívida financeira. Todos nós conhecemos solteiros e solteiras que estavam tão enrolados num relacionamento errado que não puderam enxergar quando a pessoa certa apareceu.

Não deixe nenhum tipo de rede lhe impedir. Você está enroscado em algum tipo de rede que pode potencialmente lhe impedir de fazer o que Deus planejou? Largue a rede e siga a Jesus. Esse é seu tempo de colidir com seu destino.

Seis Etapas para um Sonho

Quero apresentar uma sequência de como nosso sonho ou visão se desenrola para que você possa agarrar cada passo que vier a acontecer. Eu identifiquei essas seis etapas na seguinte ordem:

1. Imaginar
2. Compreender
3. Tomar posse
4. Perseguir
5. Conseguir
6. Ensinar

Essas são as seis etapas de como um sonho nasce dentro de nós. Vamos dar uma olhada em cada uma delas separadamente.

Imaginar

Essa primeira etapa é como o que eu disse no capítulo anterior – pode ser apenas um pensamento, algo que não significa muito para os outros ao seu redor, mas para você é como uma revelação. Simplesmente não vai te deixar. Você tem esse pensamento várias vezes em sua mente. "Cara, será que eu realmente poderia fazer isso? Eu *poderia* fazer isso! Eu me vejo fazendo isso. Poderia mesmo acontecer."

Compreender

Não podemos ficar na primeira etapa para sempre. Na verdade, quando não paramos de pensar naquela ideia inicial, inevitalmente começamos a contá-la para outras pessoas. Daí, não a apresentamos como algo concreto, mas lançamos apenas uma ideia, e exploramos a possibilidade dela. A partir disso, ela passa a ser mais que um pensamento.

Agora que já estamos comentando com os outros, significa que já "compreendemos" o pensamento inicial. Já fomos muito além de simplesmente imaginar, estamos falando e pensando sobre ele.

Essas duas etapas podem soar familiares para você. A maioria das pessoas chega até aí. Mas, muitas vezes, em algum lugar entre a etapa dois e três, o sonho morre fazendo com que elas não avancem para o estágio seguinte.

Tomar posse

A etapa três é aquela em que tomamos posse. Aqui é onde pagamos o preço. É a etapa que vai além de simplesmente comentar sobre a ideia, pois temos que entrar em ação, tomar posse do sonho e correr um pouco de risco. Decidimos que já rodeamos muito aquela montanha e vamos conquistá-la. Firmamos nossos pés na ideia e vemos se ela é forte o bastante para nos aguentar.

Nesse estágio, acreditamos que com Deus todas as coisas são possíveis. Começamos a pagar o preço ao nos preparar para cumprir nosso sonho. Um autor desconhecido disse: "O final vale o esforço". Faça o que tiver que fazer. Diga: "Estou embarcando neste navio. Estou cansado, suado, trabalhando em dois empregos, mas estou tentando. Já tomei posse!" Saiba que se não há choro não há colheita.

Perseguir

Após agarrar o sonho e gastar um pouco de suor com ele, realmente assumimos um compromisso. Agora ninguém pode nos desviar do caminho, pois somos como maníacos numa missão. Não conseguimos pensar em mais nada. Nem mesmo nossa família pode nos parar. Temos aquele brilho no olhar; e os olhos de um tigre caçador.

Conseguir

Chegamos lá! Recebemos o grande prêmio! Pagamos o preço, finalizamos a caminhada, e estamos muito felizes por isso. Agora, não teremos que viver o câncer da vida chamado "arrependimento". Meu pior pesadelo é estar sentado numa cadeira de balanço daqui a quarenta anos dizendo "E se...?" Quando for velhinho, não quero olhar para trás e ver um monte de sonhos perdidos. Quero poder dizer "Eu consegui!" Consegui isso e aquilo também.

Ensinar

Não há sucesso sem sucessor. Paulo teve Timóteo. Elias teve Eliseu. Moisés teve Josué. Quem é seu mentor? E você é mentor de quem?

Minha mãe, Kay Franklin, é maravilhosa. Ela é uma filha de um total de vinte e sete filhos! Isso mesmo, ela tem vinte e seis irmão e irmãs. Ela me ensinou tanto sobre as coisas de Deus. Todo sucesso ministerial que já tive deve-se em grande parte à sábia influência dela em minha vida.

Quem é seu mentor?
E você é mentor de quem?

Meu pai costumava pastorear uma pequena igreja de trinta a quarenta membros na Carolina do Norte. A fim de suprir todas as necessidades e continuar no ministério, ele teve de complementar sua renda vendendo comida a funcionários de uma fábrica. Quando o dinheiro faltava, mamãe fazia biscoitos caseiros. Papai tinha uma caminhonete antiga com um trailer atrás. Ele escreveu ao lado do trailer "Refeições do Bill sobre Rodas". Às 4:30 da manhã, ele dirigia até às fábricas de algodão e de móveis e vendia os biscoitos quentinhos da janela do trailer. Hoje sou abençoado devido aos grandes sacrifícios que meus pais fizeram para manter minha família no ministério integral. Eles não apenas acreditaram, mas também me ensinaram que eu posso!

REVISÃO

Agarre Seu Sonho

- Deus criou algo para você. Você tem um destino, e Ele quer que você o conheça e tome posse dele.

- Na maioria das vezes, descobrimos nosso destino em seis etapas: Imaginar, Compreender, Tomar posse. Perseguir. Conseguir. Ensinar.

- Uma vez tendo agarrado seu sonho, permaneça nele apesar das dúvidas e das dificuldades que surgirão. Livre-se de qualquer coisa que o mantenha preso.

- Confie em Deus durante todo o percurso. Mantenha o foco Nele. Ele abrirá um caminho para que seu sonho se realize.

Capítulo 5

DESVENDANDO
SEU SONHO

Sempre tive o desejo de fazer algo para Deus. Sempre estive na igreja durante toda a minha vida, desde a época em que eu era muito pequeno para saber alguma coisa. Lembro-me de sentar no colo da minha mãe e às vezes deitar no banco durante os cultos. Em algum momento em meio àqueles anos, algo que hoje chamo de "desejo" tomou conta de mim.

Uma das formas como se revelou foi através da música. Quando eu tinha oito ou nove anos, peguei algumas caixas de sapato vazias e construí algumas baquetas com pedaços de cabide. Escutava alguns discos de música gospel que meus pais tinham e tocava minha "bateria" no tom de qualquer música que estivesse tocando.

Certo dia, meu pai veio até mim e disse "Já que você quer tanto tocar bateria, vou comprar uma para você, filho." Ele fez isso, e colocou-a na igreja. Não havia baterista, e eu não sabia tocar realmente. Eu estava morrendo de medo, mas eu tinha um *desejo* de tocar bateria para Deus, e consegui.

Alguns anos depois, disse a minha mãe: "Mãe, escutei um saxofone numa música e quero aprender a tocar." Não sei porque, mas fiquei obcecado por tocar saxofone. Era algo muito importante na minha vida.

Ganhei uma bolsa de estudos para a faculdade graças a minha habilidade de tocar sax. Mais tarde, quando comecei a evangelizar, uma das coisas que me ajudou foi o fato de que eu não somente pregava, mas também tocava sax muito bem. As portas começaram a se abrir para mim. Um dia, a maior rede de televisão cristã do mundo me convidou para tocar saxofone num programa. Essa oportunidade começou a me expôr nacional e internacionalmente, além de ter me dado a chance de pregar naquele canal toda semana, alcançando milhares de pessoas. Porém, tudo isso começou com um desejo inexplicável de tocar saxofone.

Depois, comecei a fazer jejuns de dois dias, três dias e vinte e um dias. Por que alguém faria algo assim? O Senhor falou comigo e disse "É o seu *desejo* que me impressiona. Não por que você deixou a comida de lado, mas por ter *desejado* algo de Mim."

Nada substitui o desejo.

Tudo começa com um desejo.

O que estou querendo dizer é que tudo não começa pelo talento, mas pelo desejo. Então, uma coisa leva a outra. Primeiro precisamos ter o desejo, ou não faremos nada. Temos que querer. Não existe substituto para o desejo. Conhecemos o versículo que diz "Uma coisa desejei do Senhor, e a buscarei..." (Salmos 27:4, versão do inglês King James).

Louis Braille perdeu os dois olhos quando tinha três anos de idade num acidente na loja de arreios de seu pai. Mas ele tinha um desejo. Ele disse "Criarei um sistema para que os cegos possam ler e escrever." Ele queria ler e escrever, então inventou o Braille. Ele desejava criá-lo e o fez.

O apóstolo Paulo, viajando principalmente a pé, percorreu a Ásia num período de dois anos e meio. Ele não possuía avião, carro ou trem. Ele não tinha uma rede de televisão. Não foi fácil. Tudo o que tinha era o desejo de fazer isso em obediência ao Espírito de Deus. As pessoas tentaram pará-lo, mas seu desejo era pregar em todos os lugares que pudesse alcançar, e não se importava se fosse numa prisão ou num palácio. Ele queria terminar a corrida com a consciência limpa, tendo cumprido seu desejo e o desejo de Seu Senhor Jesus (Fp 3:12,14). Seu *desejo* o motivava.

Se permitirmos, haverá sempre algo que nos impedirá. Sempre teremos uma desculpa sobre por que não podemos fazer o que Deus nos chamou para fazer. Sempre existirá uma situação constrangedora ou algo que temos que superar. No entanto, se temos um *desejo*, podemos dizer como Paulo: "Nenhuma dessas coisas podem me impedir".

Quando Deus nos chama para fazer algo,
Ele nos prepara antes.

Quais foram as coisas que não impediram Paulo? Todas aquelas listadas em 2 Coríntios 11 - surras e apedrejamentos e todos os tipos de dificuldades e perigos. Ele não foi desencorajado pelo fato de não ser alto e bonito, ou porque não era suave, fotogênico, nem carismático. A Bíblia diz que sua presença era fraca. Aparentemente, a maneira com que se apresentava diante das pessoas era fraca e desprezível (2 Co 10:10). Entretanto, ele passou por cima de todas essas coisas porque possuía um desejo. Não inventou desculpas.

Sem desculpas

Você nasceu com uma tarefa. Não morra antes de terminá-la. Sua tarefa divina sempre tocará seu coração e o levará a sua maior conquista. Seu chamado destravará sua compaixão e sua criatividade.

Quando Deus nos chama para fazer algo, Ele nos prepara antes. Quando preguei minha primeira mensagem, eu estava mergulhado nas coisas da igreja, e todos os meu herois eram pregadores. Naquele tempo, eu não via como sair do banco onde eu sentava para o púlpito que eu tanto admirava, ainda que eu tivesse recebido de Deus um desejo pelo ministério. Mas o desejo é sempre o primeiro passo para o destino.

Lembra-se de como as diferentes tribos de Israel responderam a Débora e Baraque quando eles as chamaram para a batalha? Eles escreveram uma canção sobre isso, e é através dela que sabemos das desculpas que as três tribos deram. Na canção, após elogiar as tribos que ajudaram na batalha, foi escrito um segundo verso sobre as tribos que *não* apareceram e lutaram – Rúben, Dã, e Aser. Por que não foram? Quais foram suas desculpas?

Nas divisões de Rúben houve muita inquietação. (Juízes 5:15). Ou seja, quando o mensageiro foi àquela tribo para pedir ajuda, os líderes devem ter feito uma reunião e dito: "Vamos fazer uma análise, fazer alguns relatórios, e decidir se devemos ou não participar dessa batalha." E, depois disso tudo, não responderam ao convite.

Havia também a tribo de Dã. A canção diz "E Dã, por que se deteve junto aos navios?" (Juízes 5:17) Eles eram mercantes que transportavam suas mercadorias em navios pelo mar. Eram como lojas de departamento flutuantes. Eram homens de negócios. Quando o mensageiro foi pedir-lhes ajuda para lutar na batalha, o chefe da tribo de Dã, cuja prioridade era os négocios, disse: "Diga a Débora que lamentamos. Estaremos lá em espírito, mas nosso negócio está indo muito bem agora, e nossas prioridades estão aqui." Eles também não aceitaram o convite.

Havia ainda outra tribo, a de Aser. A canção continua dizendo "Aser permaneceu no litoral e em suas enseadas ficou" (Juízes 5:17). Eles estavam de férias? Aquele era o momento de se reunir e lutar, momento de agir conforme a visão de Débora, mas os homens de Aser estavam descansando na praia. Não há nada de errado em estar de férias, mas definitivamente aquele não era o momento para isso. Tenho certeza de que eles eram como aquelas pessoas que dizem "Preciso de um tempo". Se não tiverem cuidado, o inimigo transformará esse "tempo" em férias permanentes dos propósitos de Deus.

Não deixe sua fraqueza e seus sentimentos sufocarem seu desejo. Ao invés, alimente as chamas dele. É uma das partes mais importantes de responder à visão de Deus para sua vida.

Desejo mais *paixão* é igual a poder.

Você já pensou se existe alguma qualidade, característica, ou conquista na sua vida capaz de deixar Deus empolgado mais do que todas as outras? Alguma coisa que faria uma pessoa obter sucesso onde outra falharia? Algo que pode levá-lo da mediocridade à excelência? Algo que encha sua vida com poder e propósito? Alguma coisa que separe "grandes" líderes de líderes "medíocres"?

Bem, existe sim, e não é experiência, dom, ou aparência. É *paixão*. Deus ama uma pessoa apaixonada. Ele ultrapassará a multidão por alguém cujo coração queima com paixão, zelo, desejo, e fogo santo.

Jesus disse "o zelo pela tua casa me consome" (Ver Salmos 69:9). O que consome você? O que faz seu coração queimar? Onde está seu desejo? Onde está sua paixão?

Ele (Deus) ultrapassará a multidão por alguém cujo coração queima com paixão, zelo, desejo, e fogo santo.

A palavra *desejo* significa paixão consumidora, implacável. Energia que não acaba. Fome e sede insaciáveis. Fervor intenso. Todos nós conhecemos pessoas que são quietas, tranquilas, até que alguém mexa com aquela única coisa pela qual elas são apaixonadas. É como se elas se transformassem, pois saem da obscuridade, como mísseis à procura de um alvo.

A paixão nos leva a lugares e faz com que façamos coisas que nunca realizaríamos sem ela. Quero falar com você sobre algumas características de algumas pessoas na Bíblia que viram poder milagroso em suas vidas. Em cada uma, encontraremos uma *paixão* surpreendente. A chave para desencadear o poder de Deus é uma paixão sem precedentes por Ele. Deve existir paixão para que Seu poder explosivo seja liberado.

Quando Deus vê paixão nas pessoas, Ele libera Seu poder através delas. Encorajo você a seguir o exemplo de pessoas apaixonadas como Elias, os doze discípulos, e o próprio Jesus. Então, aplique esses princípios em sua vida. Quando fizer isso, você verá o poder transformador de vida e a vitória fazerem morada na sua alma. Lembre-se, o *poder segue a paixão*.

Jesus, um retrato da paixão

Foi "depois de Sua paixão" (Atos 1:3) que Jesus demonstrou pela primeira vez o poder disponível através de Sua morte na cruz. A maior demonstração de poder humano na terra foi a ressureição de Jesus Cristo. Nenhuma outra demonstração de poder e vitória pode chegar aos pés do que Jesus mostrou em Jerusalém no terceiro dia após Sua crucificação. Ele derrotou a morte e a sepultura.

Porém, a paixão a que se refere Atos 1:3 é o sofrimento que Cristo enfrentou na crucificação. Outras definições para *paixão* incluem "forte sentimento", "uma demonstração desenfreada de emoções", "entusiasmo sem fim" e "amor". Acredito que essas palavras se aplicam a Atos 1:3 também. Graças a dor que Cristo suportou na cruz, podemos ver Sua "paixão de amor" por nós. A cruz foi o "quarto do amor" do Novo Testamento. Foi onde Ele entregou Seu corpo à Sua noiva e disse "fui ferido por suas transgressões" (Ver Isaías 53:5).

A razão para a paixão de Cristo foi Sua paixão por nós. Sua morte foi uma demonstração do amor incondicional que Ele tem por nós. Seu foco estava em nós, e aquela paixão O levou à cruz. Esse é o poder ao qual eu e você temos acesso. Poder para salvação, cura, provisão, relacionamentos, direção, e muito mais.

Elias – um homem fervoroso

Se já existiu um homem de paixão e poder, foi Elias. Não sabemos muito sobre o passado dele, pois a Bíblia não diz quem foram os pais dele nem de onde ele veio. No entanto, sabemos que Tiago, o irmão de Jesus, disse que Elias era um "homem sujeito às mesmas paixões que nós" (Tiago 5:17), e que viu resultados. Elias era apaixonado por sua fé, por Deus, e pelo poder disponível aos crentes. Assim como os primeiros seguidores de

Cristo, a paixão de Elias nunca falhou em obter resultados. "Elias era homem sujeito às mesmas paixões que nós e, orando, pediu que não chovesse e, por três anos e seis meses, não choveu sobre a terra. E orou outra vez, e o céu deu chuva, e a terra produziu o seu fruto" (Tiago 5:17-18, ACF).

Paixão produz poder! A Bíblia diz que esse profeta tinha tanto poder em Deus que orou e fogo desceu do céu (ver I Reis 17-18). A paixão de Elias produziu poder para reviver um menino morto (I Reis 17:22), para correr mais rápido do que uma biga (I Reis 18:46), e para partir a água (2 Reis 2:8). Ele inclusive foi alimentado por anjos (I Reis 19:5). Depois, em vez de deixar esse mundo da forma tradicional, ele "foi levado aos céus num redemoinho" (2 Reis 2:11). É isso que eu chamo de poder! E o poder sempre segue a paixão.

Elias disse "Tenho sido muito zeloso pelo Senhor, Deus dos Exércitos" (I Reis 19:10). Ele tinha entusiamo ilimitado pelo seu Deus. Não podemos ser passivos ou estóicos em nossa fé e experimentar a manifestação do poder de Sua ressurreição em nossa vida. Deus procura por aqueles que anseiam pelo Seu poder e que não ficarão inibidos ou temerosos em usá-lo.

No capítulo quatro de seu livro *Why Revival Tarries* (Porque o Avivamento Tarda), o evangelista Leonard Ravenhill faz repetidamente a seguinte pergunta: "Onde estão os Elias de Deus?" Nós clamamos "Senhor, onde está Seu poder? Quem me dera ter o poder de Elias." Sabe o que ouvi Deus me dizer certa vez? Ele disse "Se Eu pudesse encontrar algum homem que viesse a Mim com a mesma paixão de Elias, derramaria o poder de Elias sobre ele."

Uma mulher com determinação

No capítulo 5 do Livro de Marcos (a história também está em Mateus 9 e Lucas 8), a mulher com fluxo de sangue possuía tanta paixão e determinação que ultrapassou o que parecia ser ilógico. A lógica dizia "é impossível ultrapassar as pessoas ao redor de Jesus" e "você está muito impura e não pode chegar perto de Cristo".

Porém, sua paixão disse "Não importa qual seja minha situação, eu consigo chegar até Jesus" e "Não importa qual seja minha necessidade, Ele cuidará dela".

Sim, houve obstáculos e desafios a serem ultrapassados, mas aquela mulher queria sua cura mais do que qualquer coisa. Meros obstáculos não permaneceriam entre ela e sua visão. Ela tinha uma determinação implacável – um foco apaixonado em Jesus Cristo.

E estava ali certa mulher que havia doze anos vinha sofrendo de uma hemorragia. Ela padecera muito sob o cuidado de vários médicos e gastara tudo o que tinha, mas, em vez de melhorar, piorava. Quando ouviu falar de Jesus, chegou-se por trás dele, no meio da multidão, e tocou em seu manto, porque pensava: "Se eu tão-somente tocar em seu manto, ficarei curada."

— MARCOS 5:25-28

Ela já havia sofrido o bastante, e insistiu fortemente ao empurrar a multidão a fim de alcançar sua cura. Ela ultrapassou derrotas e pressões do passado. A situação não era perfeita, mas ela tinha apenas uma chance. Quão apaixonado foi o esforço dela? O quanto ela queria sua cura? Muito o bastante para buscá-la com tudo de si. "Imediatamente cessou sua hemorragia e ela sentiu em seu corpo que estava livre do seu sofrimento"(Marcos 5:29)

Até aquele momento, ninguém havia sido curado ao apenas tocar em Jesus, mas a paixão produz fé, e a fé produz poder. Veja, a multidão cercava e rodeava Jesus, muitos o tocavam, mas ninguém O havia tocado tão apaixonadamente. A paixão dela causou o derramamento do poder de Cristo. "No mesmo instante, Jesus percebeu que dele havia saído poder, virou-se para a multidão e perguntou: 'Quem tocou em meu manto?'" (Marcos 5:30)

O adorador indiferente e casual que tocar Jesus não receberá Seu poder. Devemos ter uma determinação apaixonada para ver nossa necessidade suprida. Entenda, você não irá tropeçar na sua cura; você deve buscá-la.

E aqui está um bônus. Ao lermos Mateus 14, vemos que aquela mulher abriu uma dimensão espiritual de possibilidades para outros devido a sua fé. Depois que recebeu sua cura milagrosa, sabe o que ela fez? Usando sua paixão, ela entrou numa nova dimensão de unção através do Espírito de Deus, uma unção que as pessoas não sabiam que existia. Uma vez que ela rompeu os limites com sua paixão, outros começaram avançar também, usando a dimensão aberta por aquela mulher.

Por causa de uma mulher que tinha paixão, outros se beneficiaram também. "Espalharam a notícia em toda aquela região e lhe trouxeram os seus doentes. Suplicavam-lhe que apenas pudessem tocar na borda do seu manto; e todos os que nele tocaram foram curados." (Mateus 14:35-36)

Hoje, ficamos esperando por muito tempo, e então simplesmente fazemos o que todos no Corpo de Cristo fazem – limitamos Deus ao que Ele fez no passado. Deus quer abrir novas dimensões de adoração, de poder para os crentes. Porém, Ele deve ter pessoas com determinação apaixonada que possa liberar Seu poder.

Nossa vez de mudar o mundo

Assim como Deus escolheu Seus doze discípulos, Ele nos escolhe hoje e está nos chamando para mudar o mundo através da paixão e do propósito que colocou dentro de cada um de nós. Se agarrarmos essa paixão nada será impossível. Nossa fé pode mover montanhas (Mt 17:20; I Co 13:2), mas nosso medo pode criar uma.

Entre bilhões de pessoas, Jesus escolheu doze homens para serem os tijolos do reino de Deus na Terra. É algo realmente maravilhoso. Ele não os escolheu por causa do que eram, mas por causa do que Ele sabia que podiam se tornar através de Seu poder unido à paixão deles. Deus quer que sejamos apaixonados por nossas necessidades, mas também deseja que sejamos compassivos com os outros. Ele nos deu a missão de ir ao mundo compartilhar Sua esperança e Seu amor.

Nossa fé pode mover montanhas, mas nosso medo pode criar uma.

Os discípulos ficaram no cenáculo por dez dias, orando, e nada aconteceu. Às vezes passamos por períodos em que vivemos na "terra do nada", e a única coisa que pode nos tirar dali é a paixão. Temos que entender que quando pensamos que nada está acontecendo, Deus está, na verdade, preparando algo!

Quando Elias creu que a chuva estava por vir, ele mandou seu servo ver o que estava vindo do horizonte seis vezes. Em cada uma das vezes ele perguntava "Há alguma nuvem?" E nas seis vezes o servo respondeu "Nenhuma".

Na sétima viagem para checar se havia nuvens, o servo de Elias viu uma pequena nuvem no horizonte. O milagre de Elias estava a caminho! "Enquanto isso, nuvens escuras apareceram no céu, começou a ventar e começou a chover forte" (I Reis 18:45).

Durante doze anos, a mulher do fluxo de sangue buscou sua cura e não viu resultados. Depois, ela recebeu seu milagre instantaneamente – foi necessário apenas um toque.

Não tenha medo da derrota. Mantenha a chama da paixão acesa dentro de você. Não apague sua paixão baseado nas circunstâncias a sua volta. Os discípulos foram persistentes e foram recompensados com o poder do Espírito Santo. Mantenha sua fé e você verá: "tudo o que vocês pedirem em oração, creiam que já o receberam, e assim lhes sucederá." (Marcos 11:24, ênfase do autor). Desejo, paixão, e poder – eles caminham juntos.

Quando buscamos nosso propósito divino com paixão, Deus nos unge com o poder para alcançá-lo. A Palavra de Deus é proteção contra o diabo e os demônios. Ela é a nossa espada do espírito que derrota o inimigo. Precisamos desejá-la e ser apaixonados por ela mais do que desejamos dinheiro; mais do que desejamos o prazer; mais do que qualquer coisa. Quero encorajá-lo a orar por direção hoje, busque a vontade de Deus para sua vida, e estude Sua Palavra. Você verá que sua paixão aumentará e Ele lhe dará as ferramentas de que precisa para alcançar seu propósito divino. Peça por direção, busque a vontade de Deus, estude Sua Palavra, e sua paixão e seu poder crescerão.

Pessoas apaixonadas aceitam correr riscos e experimentar coisas novas. Apenas considere a forma apaixonada como cada um dos discípulos seguiram o ensinamento do Mestre – mesmo até a morte.

Mateus foi martirizado na Etiópia, foi assassinado com um machado. Filipe foi açoitado, preso, e crucificado. Tadeu morreu numa cruz em Odessa. Tiago, o menor, foi apedrejado e surrado até a morte com um porrete. Tomé foi lanceado porque enfureceu um sacerdote pagão. João, o amado, foi forçado a entrar numa bacia de óleo fervente. Ele milagrosamente escapou e ficou exilado em Pátmos, onde escreveu o Livro de Apocalipse. Pedro foi assassinado por Nero de cabeça para baixo numa cruz, e sua esposa foi crucificada com ele. André foi crucificado numa cruz em forma de X. O Rei Herodes decapitou Tiago, o mais velho, por causa de sua fé em Jesus. Natanael foi torturado e crucificado com a cabeça para baixo.

Sim, eles tiveram mortes terríveis, mas fizeram algo incrível com suas vidas devido à paixão que queimava dentro deles. Esses foram os homens que "viraram o mundo de cabeça para baixo" e abriram um caminho para que eu e você pudéssemos ouvir e aceitar a mensagem do evangelho.

Deus está procurando por pessoas que não perderão sua paixão diante de qualquer prova ou circunstância. Onde está sua paixão? A presença de Deus em sua vida é algo santo e milagroso. Seu relacionamento com o Pai celestial deve ser apaixonado e fervoroso. Ele deve ser seu foco, seu desejo, o amor da sua vida. Se você se lembrar disso, nunca terá falta de Seu poder.

Quando pensamos que nada está acontecendo, Deus está, na verdade, preparando algo!

Esse poder, nascido da paixão, é o que Deus usará para desencadear seu destino divino. Você tem um propósito vindo de Deus, um chamado em sua vida. Essa paixão aí dentro está esperando para ser liberada. O Senhor já providenciou poder para que você possa avançar e concluir essa missão. Agarre a paixão do seu coração e lembre-se de que ela produz poder!

A paixão nos custa algo. Custa amar, sentir, cuidar e, quando Cristo foi pendurado naquela cruz, Ele estava dizendo "Quando olhar para a cruz, não veja apenas dor, mas enxergue minha paixão por você, Minha noiva." E minha oração é que, como Ele deu Seu corpo por nós, nós possamos dar nossa vida a Ele como sacrifícios vivos, santos, e aceitáveis a Deus.

REVISÃO

Desvendando Seu Sonho

- O desvendamento de um sonho começa com um *desejo*. O desejo nos capacita e persistir, mesmo quando nossas circunstâncias se tornam difíceis.

- Além do desejo, precisamos da paixão. Encontre a sua e siga-a. Lembre-se, o poder segue a paixão.

- Quando achamos que nada está acontecendo, na verdade, Deus está preparando algo!

- Se seguirmos o exemplo de Jesus, Elias, e dos doze discípulos, e muitos outros, poderemos ser transformadores deste mundo.

Capítulo 6

TRANSFORMANDO LIMITAÇÕES EM HABILIDADES

Durante toda sua vida, Zaqueu teve de ouvir aquelas piadas que todo "baixinho" escuta. (Ele é tão pequeno que... quando ele senta na cadeira, seus pés não alcançam o chão... dá pra ver os pés dele na foto da carteira de motorista.) Além disso, Zaqueu tinha vários apelidos: anão, broto, nanico, miúdo, tampinha, chaveirinho – ele sempre recebia a menor parte de tudo.

A limitação de Zaqueu era ter baixa estatura, e isso fazia com que ele tivesse algumas atitudes. A fim de compensar a altura que lhe faltava, ele se tornou um cobrador de impostos. Dessa forma, as pessoas teriam que ouvi-lo. Porém, ele ainda não alcançava as coisas, tinha que usar uma escada ou uma caixa para pisar.

Quando ouviu que Jesus estava na cidade, ele quis ter a chance de vê-Lo. Jesus estava caminhando na rua principal, com pessoas por todos os lados. Mas Zaqueu sabia que, se fosse lá fora, poderia somente ver as costas das pessoas a sua frente. Então, teve uma ideia. Subiu numa árvore. Equilibrou-se com as pernas num galho e esperou que Jesus chegasse mais perto. Tudo o que queria era vê-Lo passar, pois havia escutado muitas pessoas falando sobre Jesus e gostaria de vê-Lo com seus próprios olhos.

Ele não esperava que Jesus o notasse, mas dentre centenas e centenas de pessoas que lotavam as ruas naquele dia, Jesus escolheu *Zaqueu* para dirigir a palavra. Ele o olhou nos olhos e disse "Zaqueu, desça depressa. Quero ficar em sua casa hoje" (Lucas 19:5). A vida de Zaqueu foi mudada. Ele conheceu o Salvador face a face.

Isso aconteceu *por causa*, e não apesar, da limitação dele. Se ele não fosse tão baixinho, não teria subido naquela árvore.

Limitações se tornam trampolins.

Qual é sua maior limitação? Seja qual for, ela pode se tornar seu maior bem ao guiar você a uma "árvore" e fazer com que você veja Jesus. Se sua limitação te desespera, ela pode fazer com que você faça algo que outras pessoas não queiram fazer e ignorar o que os outros pensam. Além disso, pode fazer com que você adote medidas extremas para conseguir vê-Lo – e se estiver muito interessado nisso, O verá não apenas de longe, mas de perto também. Ele irá querer ir a sua casa, e isso mudará sua vida.

"Você não entende, Jentenzen. Eu não tive um bom pai, ele abandonou a família. Não consigo nem pensar nele. Eu tenho horror ao Dia dos Pais." Entretanto, eu lhe digo que, se sua limitação te enlouquece, ela poderá levar você aos braços do melhor Pai do universo, que fará muito mais do que suprir a falta de seu pai terreno.

*Seja qual for sua limitação, ela pode se
tornar seu maior bem.*

"Mas, Jentenzen, não sou rico como Zaqueu era. Na verdade, estou quebrado. Perdi o emprego. E meu seguro-desemprego não faz mais do que pagar as contas. Minhas opções estão escassas..." Se sua limitação financeira faz com que você escale mais alto – orar mais, jejuar, endireitar-se com Deus – então ela vale a pena.

Quando eu era adolescente, fiquei muito doente. Uma enfermidade atacou meu sistema sanguíneo, e meu peso baixou para cerca de 54 quilos. Minha cintura media 71 centímetros. Aqueles foram os piores dias da minha vida. Fui privado da vida normal de um adolescente, pois eu não podia me divertir com meus amigos numa sexta-feira à noite. Não podia sair de jeito nenhum, nem mesmo para ir a escola.

Encarei esse período ruim por mais de um ano, e ele eventualmente começou a me levar a uma árvore. Comecei a buscar a Deus. Eu sempre dizia "Deus, quando o Senhor irá me curar? Quando tudo isso acabará?" E Ele não respondia nada – nada além do silêncio. Então, comecei a devorar a Bíblia. Eu lia a Palavra o dia inteiro. Vinte, trinta, quarenta capítulos diariamente.

Aprendi muito sobre o Senhor. Em períodos como esse, aprendemos coisas que não aprenderíamos se não fôssemos "pessoas que sobem em árvores". Aprendemos coisas que não aprenderíamos se nossa vida fosse normal.

Uma das principais coisas que aprendi foi que se Deus confia a nós uma dura prova, um período ruim, é porque Ele quer se convidar para ir a nossa casa. Ele tem algo para nós que resultará de nossa situação difícil. Aquela nossa limitação que nos faz levantar os braços para o céu e dizer "Por quê? Por quê?" pode se tornar nosso ponto de intimidade com Jesus. Podemos nos conectar completamente com Ele e ver nossa vida ficar melhor do que podíamos imaginar.

No capítulo anterior, mencionei a mulher com o fluxo de sangue. Sua limitação era muito grande. Naquela época, pessoas como ela eram chamadas de "impuras". Isso significa que ela havida sido menosprezada por doze anos, mais do que uma década. Isso é justo? Não sei. Mas isso a desesperou tanto que a fez ousar a entrar no meio da multidão que cercava Jesus. Ela não subiu numa árvore – ela empurrou, se chocou, e abriu caminho no meio daquele monte de pessoas até chegar a Ele. Depois, sem dizer uma palavra, ajoelhou-se e tocou a orla de Seu manto. Ela estava pensando

"Entre todas essas pessoas, eu conseguirei." Ela não se importou com que diriam dela. Ela reservou seu momento. Havia conseguido chegar Àquele que poderia mudar tudo. Ela *tinha* que conectar-se com Jesus.

E se ela nunca tivesse tido aquele problema? Você acha que ela teria desenvolvido tamanha fé e coragem? Claro que não. Ela teria deixado de conhecer Jesus também.

Às vezes temos que passar por períodos em que vivemos no "nada de Deus" para que possamos buscá-Lo apaixonadamente e desesperadamente. Veja como aconteceu com os crentes no cenáculo. Jesus havia subido ao céu, mas o Espírito Santo ainda não havia vindo. Eles oravam dia após dia, e nada. Veja como aconteceu com o servo de Elias. Por seis vezes teve que ir ver se havia alguma nuvem chegando no horizonte. Fazia três anos que não chovia, e o que vinha do horizonte? Por seis vezes sua resposta foi "Nada". E você? Já teve que passar pelo nada de Deus? Viu? Quando achamos que nada está acontecendo, na verdade Deus está preparando algo!

Seu problema é a chave para sua promoção.

Seu problema – aquilo que é tão difícil para você agora – é a chave para sua promoção, sabia disso? Você crê nisso? "Seu problema é a chave para sua promoção" não é apenas uma bela frase curta. Veja Davi e Golias. Sem o segundo, nunca teríamos ouvido falar do primeiro. Davi teria continuado apenas cuidando das ovelhas nos campos se Deus não houvesse enviado Golias. Para tornar-se o Rei Davi, ele teve que enfrentar o gigante. Seu problema (Golias) foi a chave para sua promoção (tornar-se rei).

Quando Davi encarou Golias, ele o fez com verdadeira confiança. Algum tempo atrás, enquanto me preparava para pregar sobre Davi e Golias, li a história do início ao fim e percebi algo que nunca havia notado antes: Davi nunca chamou Golias de "gigante", mas seus irmãos e os outros soldados israelitas sim. Os filisteus, e o Rei Saul, provavelmente, também. Mas Davi não. Nunca. O único nome pelo qual o chamou foi "filisteu incircunciso", focando no fato de que Golias era um homem que não tinha aliança com Deus, pois a circuncisão era a marca da aliança entre Ele e os israelitas no Antigo Testamento.

Então, ao chamá-lo daquela forma, Davi estava declarando que Golias era muito menor do que Deus, que era o *verdadeiro* gigante daquela situação.

Você sabe qual é o seu Golias? Qual é o seu maior obstáculo ou problema? Ele pode ser a chave para sua promoção. A fim de alcançar seu destino, você precisa encarar seu problema do tamanho de Golias com a força invencível de Deus. Acreditar que você pode já é mais da metade da sua batalha.

Derrotas bem-sucedidas

Tenho observado pessoas de sucesso durante anos. Percebi que muitas delas são o que eu poderia chamar de "derrotas bem-sucedidas". O que quero dizer com isso é que sofreram golpes esmagadores e derrotas antes de conseguir obter sucesso.

Truett Cathy é um bom exemplo. Ele fundou a rede de restaurante Chick-fil-A, que começou com um pequeno estabelecimento e ampliou-se para mais de mil restaurantes, tornando-se a segunda maior rede de refeição rápida especializada em frango do país.[1]

De acordo com a lista de bilionários da *Forbes* de 2007, Cathy ocupava a posição 380 nos Estados Unidos, com uma rede de 1.3 bilhões de dólares.[2] E isso foi alcançado mesmo com o negócio permanecendo fechado aos domingos, que é o dia mais lucrativo da semana.

O sr. Cathy já escreveu alguns livros e, em sua autobiografia, revela que era tão tímido que não conseguia dizer três palavras sem se enrolar. Três semanas após abrir seu primeiro estabelecimento, foi incendiado e não restou nada. Quando finalmente montou seu segundo estabelecimento, seus irmãos, que eram seus sócios, foram mortos num acidente de avião.[3]

Não parece a fórmula perfeita para uma derrota? Tenho certeza de que houve vozes negativas que o aconselharam a desistir. "Ah, desista, cara! Qual é a vantagem disso? Por que continuar tentando?" Mas ele insistiu, e hoje possui um tremendo negócio que já empregou milhares e alimentou milhões!

Os desafios e as derrotas de Truett Cathy não foram limitações demais para ele. Na verdade, devem ter sido sua maior motivação.

As limitações dos leprosos

Viu como nossas limitações podem ser importantes? Sem elas, a maioria de nós se contentaria com o status quo. Nunca nos esforçaríamos para avançar e alcançar a provisão de Deus para nossas vidas.

Isso me faz lembrar de outra história bíblica, a história dos quatro leprosos que viviam do lado de fora dos portões da cidade de Samaria (ver 2 Reis 6:24-7:20). Eles tinham que viver do lado de fora dos muros porque eram contaminados com a lepra contagiosa. As pessoas jogavam restos de comida pelo muros, e eles as comiam sentados na sujeira. (Às vezes acho que eles eram como muitas pessoas na igreja, tão contentes com os restos que nem mesmo pensam em buscar algo melhor.) Creio que aqueles leprosos teriam ficado ali sentados por *anos*, satisfeitos com os restos, se não tivessem enfrentado aquela crise.

O rei da Síria havia sitiado a cidade e o povo começou a morrer de fome. Com isso, os restos de comida já não vinham mais do outro lado do muro para os pobres leprosos. Eles apenas ficavam ali sentados ouvindo seus estômagos roncarem. A Bíblia diz que a fome ficou tão severa que o povo da cidade começou a comer cabeças de macacos e estrume de pombo, além de até mesmo cozinhar seus próprios filhos.

Finalmente, os leprosos decidiram ir ao acampamento do inimigo. Se fosse mortos, que diferença faria? Morreriam de qualquer jeito (2 Reis 7:3-4).

Veja, a fome nos ajuda a tomar a "decisão do destino". Era tempo de eles se moverem. Precisavam ser motivados a deixar a terra da fome e ir ao local da fartura. A fome fez com que aqueles leprosos levantassem e caminhassem para o lugar em que sabiam que havia comida. Eles andaram pela fé.

E quando chegaram ao acampamento, o que encontraram? Ninguém. Aqueles Sírios pensaram que haviam escutado o som de um exército vindo e deixaram tudo – comida, roupa, tudo – e saíram correndo.

Aqueles leprosos esperavam encontrar uma barreira de flechas, mas, ao invés, o maior inimigo acabou sendo o medo dentro deles. O mesmo acontece comigo e com você. As circunstâncias nunca foram nosso real problema. Deus sempre foi maior do que qualquer coisa. O real problema sempre é a batalha dentro da mente e do coração. Sabemos por experiência própria que isso é verdade. É por isso que eu digo: Acredite, você pode.

Não demorou muito até perceberem que deviam contar ao povo faminto da cidade que o inimigo havia partido. Então trocaram suas vestes de mendigos pelas belas roupas que haviam achado dentro das tendas e começaram a carregar alimentos e objetos de valor. Era um milagre. A cidade estava salva. E aquilo não teria acontecido se a limitação dos leprosos não os tivesse levado a correr aquele grande risco. A limitação deles se tornou seu maior bem.

Adoração na metade do caminho

Na maioria das vezes, nossas limitações não são físicas. Mesmo quando temos um problema físico como os leprosos tinham, parece que nossas maiores fraquezas são a falta de fé e a falta de perseverança. Às vezes, demora anos para que vejamos resultados. Precisamos perseverar em nossa visão em meio a todos os tipos de dificuldades, acreditando que Deus é mais do que capaz de nos sustentar. E Ele o fará se nos colocarmos em Suas mãos.

Uma das melhores maneiras de se entregar nas mãos de Deus é louvando e adorando apesar das circunstâncias. Quando Zorobabel e Neemias reotrnaram da Babilônia para Jerusalém a fim de reconstruir os muros de Jerusalém, eles começaram, é claro, pela fundação. Retirar escombros e carregar pedaços enormes de rocha era um trabalho muito árduo. E, para completar, os inimigos eram contra o retorno deles. Cada dia era difícil, mas cada um valia a pena, pois adiantavam mais um pouco do trabalho. (Ver Neemias 7.)

Precisamos perseverar em nossa visão em meio a todos os tipos de dificuldades.

Depois de um tempo, eles terminaram a fundação. Porém, ainda não haviam construído as paredes, nem instalado as cortinas, nem o ouro, nem o altar. Haviam somente colocado a fundação, que é apenas a forma de um edifício futuro com muito trabalho ainda a ser feito.

Naquele momento, os construtores fizeram uma pausa. O Livro de Esdras diz que eles fizeram o seguinte:

> Quando os construtores lançaram os alicerces do templo do Senhor, os sacerdotes, com suas vestes e suas trombetas, e os levitas, filhos de Asafe, com símbalos, tomaram seus lugares para louvar o Senhor, conforme prescrito por Davi, rei de Israel. Com louvor e ações de graças, cantaram responsivamente ao Senhor: "Ele é bom; seu amor a Israel dura para sempre". E todo o povo louvou ao Senhor em alta voz, pois haviam sido lançados os alicerces do templo do Senhor.
>
> — ESDRAS 3:10-11

Aquelas pessoas fizeram tanto barulho louvando e adorando ao Senhor que podia ser ouvido "a grande distância" (Esdras 3:13). Por que tamanha adoração logo no início do processo de reconstrução? O final ainda não era visível, o tempo era instável e inseguro, e qualquer coisa poderia acontecer para interromper o trabalho contínuo. Não seria um pouco prematuro começar com um culto de adoração?

Não mesmo. A adoração provavelmente ajudou o trabalho a proceder com sucesso. Eles decidiram adorar na metade do processo. Pela fé, já podiam ver o templo terminado. Louvavam a Deus pelo que já tinham realizado e colocavam Nele a confiança de que tudo seria completado conforme o planejado.

Se pudermos adorar "na metade" – quando ainda não temos tudo para realizar nosso sonho, quando ainda não vimos as paredes levantadas – significa que aprendemos como percorrer o caminho até o cumprimento da nossa visão. Estaremos expressando nossa fé em Deus, aquele que pode ver tudo antes do fim. Quando Ele começa algo, sempre termina. E isso é algo que merece louvor! A adoração *não pode* esperar.

Muitos de nós pensam que devemos esperar pela vitória completa para que possamos abrir a boca e o coração em profunda adoração. No entanto, quero dizer-lhe que uma forma de mover nossa fé, alegria, e energia é começar a adorar "na metade". A ideia é a seguinte: "A alegria do Senhor os fortalecerá" (Ne. 8:10). Se perdermos nossa alegria, então perderemos nossa força. Se perdermos nossa força, perderemos o poder de resistir o inimigo. Se perdermos o poder de resistir o inimigo, ele nos devorará.

Entretanto, se pudermos adorar a Deus, mesmo quando tudo o que vemos a frente é uma fundação, a alegria do Senhor preencherá nosso coração e fará com que não seja tão difícil resistir ao inimigo. "Resistam ao diabo, e ele fugirá de vocês" (Tiago 4:7). Se você sentir que sua fé está diminuindo, ajude-a impulsionando sua alegria. O inimigo quer que você fique deprimido, preocupado, com o pensamento negativo, e finalmente desista.

O antídoto é simples – adoração e louvor. Faça a si mesmo a seguinte pergunta: Meu Deus é capaz? É claro que você sabe a resposta. Ele é capaz de terminar o que começou, e de nos sustentar. Ele não deixará você aí onde está, muito menos irá recuar ou abandoná-lo agora. Ele não dirá "A partir de agora você está por conta própria." Deus não faz isso. Podemos contar com Ele para terminar o que começou. Portanto, louve-O mesmo quando o cumprimento da sua visão esteja apenas na metade. É um início – e você já estará indo em direção à linha de chegada.

Em *todo* o tempo louve a Deus.

Algum tempo atrás, li sobre um estudo de dez anos sobre dezenas de famílias que determinava que aproximadamente 90 por cento das vezes havia algo errado com o casamento, ou com os filhos, ou com as finanças. Isso parecia ser algo típico.

Isso significa que se formos capazes de louvar a Deus somente quando as coisas vão bem, limitaremos nosso louvor em 10 por cento da nossa vida. Não seja o tipo de pessoa que não adora a Deus quando as coisas apertam um pouco. Não espere tempo demais pela a ocasião perfeita.

Se pudermos adorar quando as coisas estiverem pela metade, seremos capazes de adorar em todo o tempo, e essa é a melhor maneira de permanecer perto Dele.

Os Quatro Chifres

Na Bíblia, chifres são um símbolo ou um tipo de poder. No Livro de Zacarias, encontramos uma palavra profética sobre os quatro chifres (ver Zc 1:17-21). Eles representavam quatro nações poderosas que se posicionaram contra a cidade de Jerusalém logo após Deus ter prometido prosperidade e conforto ao povo para que pudessem propagar Sua bondade. Assim que o Senhor decretou prosperidade, aqueles quatro chifres de resistência levantaram-se para oprimir o povo de Deus.

Deus já decretou uma palavra sobre você. Ele já declarou prosperidade para sua vida. Estou falando sobre prosperar no sonho que Ele lhe deu para propagar e expandir seu território. Mas isso não quer dizer que os chifres não virão tentar impedir que a prosperidade de Deus se propague em sua vida.

Zacarias também viu quatro carpinteiros. Eles vinham para construir o que os quatro chifres queriam derrubar. Jesus era filho de um carpinteiro, e Paulo disse "sou um sábio construtor". Quando os chifres do inimigo vierem para nos oprimir e derrotar, Deus enviará o Espírito do Carpinteiro para nos reconstruir, levantar, encorajar, e dirá "A alegria do Senhor é a sua força".

Esses quatro chifres não têm nome na Bíblia, mas dei nomes a eles, segundo as quatro formas como Satanás tenta oprimir o povo de Deus. São eles: o chifre da escassez, o chifre da limitação, o chifre do impedimento, e o chifre da destruição.

O chifre da escassez

O primeiro chifre representa a escassez. Ele diz "Esse é o nivel em que você vai operar pelo resto da sua vida. Você está preso aqui."

Podemos nos acostumar com uma vida de escassez, mas assim que levantarmos a cabeça e dissermos "Irei para o próximo nível para que eu possa fazer mais por Deus, pela minha família, e pelo Reino", aquele chifre da escassez aparecerá e tentará nos manter no território com o qual estamos acostumados. Às vezes, a "escassez" nos oprime por tanto tempo, até mesmo por gerações, e não percebemos o que é. Podemos nos acostumar com a carência de alegria, de amor no casamento, de confiança, de paz, e a carência financeira. O chifre da escassez tenta nos convencer de que Deus abençoará a alguns, mas nunca irá nos abençoar. Ele nos diz "Mantenha sua cabeça abaixada, fique deprimido, derrotado e oprimido".

Isso é o que eu chamo de "permanecer no nível da fita adesiva". Por que digo isto? Porque colocamos fita adesiva em tudo o que temos, sem sequer passar pela nossa mente que Deus tem algo melhor.

É como meu ministério de televisão costumava ser. Por muitos anos, foi uma luta. Deus providenciou nossas primeiras câmeras, mas dez anos depois elas estavam caindo aos pedaços. Um dia, entrei no estúdio e vi aqueles equipamentos antigos. Havia fita adesiva em todas as partes que eu podia ver. Teria sido engraçado se não fosse tão triste. As câmeras tinham fita adesiva segurando as lentes. Os cabos se uniam com fita adesiva. As luzes do estúdio eram posicionadas com o auxílio de fita adesiva. Os gravadores eram colados com fita adesiva também. Havia fita ali e aqui, por todos os lados. Bem ali, o Senhor falou comigo assim "Esse é o tipo de fé que você tem – uma fé de fita adesiva." E enquanto eu olhava a minha volta, Ele continuou "Sabe por que você está nesse nível de fita adesiva? Porque não consegue crer em Mim por algo melhor."

Naquela época, estávamos construindo um novo templo, que estava apenas como o casco de um edifício. Pedi aos funcionários que levassem as câmeras para o templo vazio. Subi num caixote no meio do templo e disse à equipe de televisão "Deus me disse que quer tirar as fitas adesivas do nosso ministério de televisão." Proclamamos o que Deus havia dito. O chifre da escassez queria fazer com que eu aceitasse as coisas como estavam e me convencer de que eu nunca alcançaria algo melhor.

Nos trinta dias seguintes, obtivemos 1,3 milhões de dólares e compramos o equipamento mais moderno. Desde então, nosso ministério nunca enfrentou uma situação como aquela. Temos tido mais do que o suficiente, abundância, e reservas. O Espírito do Carpinteiro transformou nossas limitações e bens.

Em sua vida, o espírito da escassez já tocou você com a ponta de um chifre? Diga apenas o seguinte: "Em nome de Jesus, chifre da escassez, você é ilegal na minha vida. Eu sirvo ao Deus da superabundância. Sirvo a um Deus que diz 'Você será bem-sucedido' (Js 1:8) e 'Vocês terão a vitória' (2Cr. 20:20). Não ouvirei mais as vozes negativas." Diga adeus ao nível da fita adesiva para sempre!

O chifre da limitação

O segundo chifre é chamado de chifre da limitação, e é diferente do chifre da escassez. Quando somos oprimidos pelo chifre da limitação, sabemos que o poder e as bênçãos de Deus são reais. Cremos que os milagres, a cura, e a prosperidade existem. Porém, pensamos "Não é para mim". Somos limitados. O chifre da limitação coloca um teto sobre nós e nos diz que podemos avançar até um limite e, ao atingirmos esse pico, não poderemos ir mais alto.

O chifre da limitação faz com que nos sintamos como um dos elefantes treinados que eu vi num programa especial no canal de televisão *National Geographic*. O treinador tinha um elefante-africano com presas enormes, e ele ficava preso por uma corda – não uma corrente, mas uma pequena corda que estava amarrada numa pedra de cimento que poderia ser levantada pelo elefante a qualquer hora. Mas toda vez que aquele elefante andava um pouquinho e sentia o puxão da corda, ele parava. O que era aquilo? Por que ele não ia aonde queria, como naqueles vídeos em que vemos os animais escaparem e saírem correndo pelas ruas, pisando nos carros?

98

O treinador disse o seguinte: "Bem, pegamos um elefante quando ainda é jovem. Colocamos uma corda em volta de sua perna e a amarramos numa pedra de cimento enterrada na terra. Como é filhote, não pode arrebentar a corda nem mover a pedra. Primeiro, ele tenta se libertar, mas não consegue. Por fim, inevitavelmente chega o momento em que sua mente aceita que aquilo é o mais longe que ele sempre poderá chegar. Mesmo depois de crescido e enorme, o elefante não reconhece que possui a força para se mover além do limite de sua corda.

Uma limitação já foi estabelecida na mente do elefante que diz "Você pode ir somente até aqui, e não tão longe." Muitas vezes é o que acontece conosco. Temos limitações que foram impostas a nós. Acreditamos nelas e as aceitamos mesmo quando nos tornamos "maiores" que elas.

Se não tivermos cuidado, o chifre da limitação tomará conta da nossa vida e, de repente, começaremos a aceitar seus limites. Devemos determinar destrui-los. Ouça a voz do Espírito Santo lhe chamando para ir mais além e fazer um pouco mais. Use sua fé e vá além de suas limitações.

Como o elefante aceitou na sua mente as limitações, não consegue enxergar que ele não é mais o filhote que era antes. Ele cresceu; é mais poderoso e mais forte. Quero lhe dizer que "Você não é mais a pessoa que era antes." Diga isso a si mesmo e reconheça que seus limites antigos já não não se aplicam mais a sua vida. Quando Jesus entrou em seu coração, você estava ancorado a algum vício? Talvez você estivesse acorrentado à derrota, talvez ninguém em sua família tenha tido um casamento bem-sucedido, então você sente o puxão dessa limitação. Talvez ninguém da sua família tenha conquistado um diploma universitário, ou alcançado sucesso financeiro, então você pensa que o mesmo acontecerá com você.

O Espírito do Carpinteiro quer começar a estabelecer sua confiança e sua fé para libertá-lo das limitações que o têm impedido. Deixe que Ele venha e mostre-lhe quão livre e forte você realmente é. Deixe que Ele quebre suas limitações. Quando Ele faz isso por nós, outras pessoas podem ser encorajadas a fazer o mesmo.

Em 1954, um corredor chamado Roger Bannister quebrou o recorde de uma milha em quatro minutos. Até aquele momento, ninguém havia feito aquilo; haviam dito que era humanamente impossível. É interessante que, um ano após ele ter feito aquilo, trinta pessoas quebraram o mesmo recorde. E, um ano depois, mais de trezentas pessoas correram uma milha em menos de quatro minutos. O mais difícil foi quebrar aquele limite artificial primeiro. Quando os atletas passaram a poder imaginar-se fazendo aquilo, conseguiram.

A primeira vez sempre é a mais difícil. Ainda lembro-me do que senti quando levantei minha mão em adoração pela primeira vez. Hoje em dia, não sinto nada, mas na primeira vez, tive um sentimento inseguro. Lembro-me também da primeira vez em que doei mil dólares. Esse valor é um tipo de barreira, podemos ver isso nas pessoas. Podemos ver quando estão em meio à quebra de uma limitação em sua ofertas, principalmente quando têm que trazer a oferta até o altar da igreja. Parecem zumbis caminhando. Mas quando o fazem, tornam-se livres para fazer de novo, e a próxima vez é muito mais fácil.

O inimigo quer que permaneçamos em nossa limitação. Ele quer que abaixemos nossas cabeças e nos escondamos porque a vida está difícil. Apenas diga àquele espírito da limitação: "Você não irá me abater. Estou me levantando agora mesmo." E, então, declare sucesso e liberdade a si mesmo. Escolha suas palavras sabiamente. Não reforce mais seus antigos limites. A língua tem poder de vida e de morte. Quando vamos ao médico, uma das primeiras coisas que ele diz é "Ponha a língua para fora". Por quê? Ele pode ver se estamos doentes ao examiná-la. Deus também diz "Ponha a língua para fora. Quero examinar o que você tem dito." Se você se libertar do chifre da limitação e declarar "Eu acredito que posso", então, só então, você conseguirá!

O chifre do impedimento

No Livro de I Tessalonicenses, Paulo nomeou o espírito mau do terceiro chifre: "Quisemos visitá-los. Eu mesmo, Paulo, o quis, e não apenas uma vez, mas duas; Satanás, porém, nos *impediu*". (1 Tessalonicenses 2:18)

Esse espírito impedidor coloca-se a nossa frente e nos bloqueia. Impede-nos de fazer progresso e nos fere tentando nos desacelerar e tropeçar. Ele vê que ainda estamos nos movendo apesar do chifre da escassez e do chifre da limitação, então tenta jogar barreiras no caminho para impedir nossa jornada.

Porém, pelo Espírito do Carpinteiro, podemos dizer "Chifre do impedimento, você pode me esbofetear, tentar me impedir, me atrasar, mas não pode me destuir. E não vai me fazer parar. Você pode me fazer cair, mas 'o justo se levantará sete vezes'" (ver Pv. 26:16).

Deixe que o Carpinteiro bata no terceiro chifre com o martelo até que não possa mais te impedir.

O chifre da destruição

Agora, após prevalecer contra a resistência que se coloca a nossa frente tentando nos impedir e limitar, veremos que há outra que se posiciona atrás de nós. Ela aparece em Malaquias 3:11 – o chifre da destruição.

Esse chifre nos persegue assim como um leão vai atrás de sua presa. Quando pensamos que finalmente estamos avançando e começando a ver algumas vitórias na colheita, se não vigiarmos, o chifre da destruição começa a roubar os frutos que Deus nos deu.

Primeiramente, não sabemos o que está acontecendo. Mas, quando percebemos o que é, podemos amarrar esse chifre assim como fizemos com os outros pela autoridade e força do Espírito do Carpinteiro.

Não importa se as pessoas tentam bloquear seu caminho. Não importa se suas circunstâncias parecem sem esperança. O Espírito de Deus quer que você alcance seu destino, e Ele o ajudará a tornar o que parece ser limitação em bem todas as vezes.

Eu possuo habilidades.

Meu pai nunca pastoreou igrejas grandes. Então, para mim, quando minha igreja atingiu setecentos membros, era algo muito grande. Mas permanecemos com essa quantidade por bastante tempo. Acho que é porque eu estava sendo impedido pelos espíritos da limitação e da escassez.

Já mencionei a "fé de fita adesiva". Quando eu contei a uma audiência nacional de televisão que nossas câmeras era coladas com fita adesiva, uma senhora de setenta e três anos me enviou uma correspondência. Era uma oferta, mas uma oferta diferente. Ela enviou uma nota de mil dólares. Eu nunca havia visto uma antes.

Essa senhora enviou uma carta junto com o dinheiro. Ela escreveu: "Deus me disse para enviar-lhe uma nota de mil dólares como um lembrete. Ele disse que você pode usá-la se quiser, mas não a use se não precisar. Ponha-a em algum lugar para que possa ser um lembrete de que Deus tem pelo menos mais mil pessoas lá fora que lhe enviarão mil dólares cada uma para comprar o novo equipamento de televisão." Sabe de uma coisa? Eu nunca tive que usá-la.

Ela tem me ajudado a fazer uma confissão positiva, e isso tem me mantido longe dos chifres da escassez, da limitação, do impedimento, e da destruição.

Uma confissão positiva pode ser assim: "Pelo nome de Jesus, vocês, chifres da escassez, da limitação, do impedimento, e da destruição, estão derrotados. Pelo Espírito do Carpinteiro, Jesus Cristo, vocês estão derrubados. Espírito da escassez e espírito da limitação, vocês não me prenderão no mesmo nível mais. Irei aonde nunca fui antes. Você, espírito do impedimento, que está na minha frente me fazendo tropeçar, me ferindo, e me desacelerando, saia do meu caminho em nome de Jesus. Você, espírito da destruição, que vem por trás de mim, tentando roubar o que Deus me deu, em nome de Jesus você está repreendido. Possuo habilidades. Possuo uma terra. Sou um construtor do reino. Sou um sábio investidor. Sou abençoado, abençoado, e abençoado. Todas as minhas fraquezas foram transformadas em habilidades. Amém."

Talvez você tenha que fazer essa oração mais de uma vez. Por que muitas vezes parece demorar tanto? Creio que às vezes Deus não responde às nossas orações rapidamente porque nossa fé cresce muito entre o momento em que pedimos a resposta Dele e o momento em que Ele responde.

Quando Daniel foi jogado na cova dos leões, creio que sua fé aumentou não apenas quando o lançaram lá dentro, mas também quando viu as bocas dos leões vindo em sua direção com aqueles dentes afiados, e aumentou mais ainda no momento em que viu o anjo de Deus fechá-las.

Então, ele pôde permanecer lá, seguro e confiante. Na manhã seguinte, o rei deu ordens para que a cova fosse aberta para que o corpo (como pressuposto) de Daniel pudesse ser retirado. E eis que "quando o tiraram da cova, viram que não havia nele nenhum ferimento, pois ele tinha confiado no seu Deus." (Daniel 6:23)

Daniel provou o que eu e você também podemos provar – que Deus nunca se atrasa. Quando Ele aparece, o que parecia ser impossível de repente se torna uma vitória.

Neste momento, o mais rápido que puder, abra sua boca e confesse que Deus pode salvar você. Ele pode fazê-lo permanecer ileso até o fim, e pode fazer infinamente mais do que pedimos ou pensamos (Efésios 3:20).

Adore-O. Deixe que sua fé cresça. Transforme suas limitações em habilidades e prossiga "para o alvo, a fim de ganhar o prêmio do chamado celestial de Deus em Cristo Jesus." (Filipenses 3:14)

REVISÃO

Transforme suas Limitações em Habilidades

- Seus problemas aparentemente intransponíveis podem se tornar um trampolim para sua fé.

- Às vezes devemos passar por períodos em que vivemos o "nada de Deus" para que O busquemos com uma paixão desesperada.

- Faça uma confissão positiva. Abra sua boca com louvor; confesse que seu Deus é capaz. Ele é!

- Com a ajuda de Deus, podemos prevalecer sobre os "quatro chifres" que tentarão nos abater: o espírito da escassez, o espírito da limitação, o espírito do impedimento, e o espírito da destruição.

Capítulo 7

VIVENDO NA ZONA
DE FÉ

Chuck Yeager foi o heroi da Segunda Guerra Mundial que quebrou pela primeira vez a barreira do som.

Todos que haviam tentado antes, chegaram a certa velocidade fazendo com que o avião tremesse tanto a ponto de parecer que iria desintegrar-se. Inclusive, alguns chegaram a ser desintegrados e seus pilotos morreram. Ou seja, a experiência mostrava que aquilo não era possível de ser feito. Porém, Yeager queria tentar de qualquer forma. Ele tinha vinte e quatro anos.

Pouco antes de quando ele tentaria em outubro de 1947, ele quebrou duas costelas num acidente à cavalo. Ele sentia dores fortíssimas. As pessoas lhe diziam que ele não devia levantar-se. E ele questionava se seu corpo seria capaz de funcionar bem sob tanto estresse, mas entrou no avião e conseguiu. Ele disse "A mil e duzentos por hora, o avião começou a tremer violentamente." Mas depois entrou numa "grande calmaria". Ele havia conseguido.

Assim também acontece quando estamos prestes a conquistar algo. Tudo ao nosso redor começa a chacoalhar e se despedaçar. Fica fora de controle. Podemos até sentir dor. É como se nosso mundo desmoronasse. No entanto, essas não são indicações de que vamos cair. Deus nunca derrubaria algo que Ele mesmo começou! Ele nunca nos deixaria cair e pegar fogo!

Assim como Chuck Yeager, precisamos encontrar uma maneira de ultrapassar nossas dificuldades e chegar ao próximo nível da vitória.

O desafio vem antes da conquista.

Quando nos encontramos numa situação estremecedora, estamos apenas do outro lado da calmaria. A chave para avançar é levantar-se e seguir adiante. Simplesmente, devemos dizer "Não me importo com o que a História diz. Não me importo com o que as pessoas dizem. Eu sei que Deus me deu uma promessa."

Se quisermos ultrapassar barreiras e estabelecer novos territórios, e se quisermos fazer a diferença, precisamos saber que tempos estremecedores *virão*. Na verdade, quanto mais difíceis forem, mais glorioso será o tempo de sucesso. Porém, não podemos começar com o sucesso, precisamos começar rompendo com nossos pensamentos e nossa fé. Quando fizermos isso, estaremos pavimentando a estrada para a conquista. Dessa forma, outras pessoas poderão nos seguir.

Quando nos encontramos numa situação estremecedora, estamos apenas do outro lado da calmaria.

Talvez você seja a única pessoa de sucesso da sua família. Talvez seja a única que serve a Deus. Seus familiares talvez zombem de você quando você os convida para ir à igreja. Bem, deixe que eles enrolem, provoquem, e perturbem. Deus precisa somente de uma pessoa para agir na família. Se essa pessoa for alcançada – e permanecer – as conquistas certamente acontecerão. É uma garantia.

O profeta Miquéias disse "Aquele que abre o caminho irá adiante deles; passarão pela porta e sairão. O rei deles, o Senhor, os guiará" (Miquéias 2:13)

O que significa "passar pela porta e sair"? Significa deixar para trás as limitações impostas, o pensamento negativo, as inseguranças, os medos, as derrotas passadas. Deixar para trás o lugar de onde viemos e as limitações que foram colocadas sobre nós. Abandone a depressão e desesperança. Abandone a mentalidade de derrota que diz "Nada nunca vai mudar em minha vida". Se você fizer isso, o avanço de Deus para sua vida acontecerá.

Quando a conquista de Deus é alcançada, significa que a linha de defesa de Satanás foi estremecida. Então, o sucesso tem a ver com o inimigo, mas também tem a ver *conosco*. Ao invés de dizer "Eu preciso de uma vitória!" comece a dizer "Eu preciso de um desafio!" Declare: "Não deixarei esses medos me atormentarem. Não deixarei que a derrota me domine. Não permitirei que meus erros e meu passado tomem conta de mim."

O famoso especialista em liderança John Maxwell foi indagado sobre como se tornou um grande sucesso. Ele respondeu, citando Thomas Edison: "Eu fracassei no caminho para o sucesso." Ele quis dizer que aprendeu mais com as derrotas que aconteceram em sua vida do que com os acertos. Uma das melhores coisas a fazer diante de uma derrota aparente é levantar-se e tentar novamente. Deixamos para trás o que não deu certo e dizemos "Agora sei o que *não* funciona. Posso tirar isso da lista."

> *Ao invés de dizer "Eu preciso de uma vitória!" comece a dizer "Eu preciso de um desafio!"*

O cumprimento de nossos sonhos não acontecerá do dia para a noite. Mas também não temos que esperar para sempre por uma conquista. Podemos nos mover e romper com qualquer mentalidade que nos prende.

Um contra seiscentos

Os filisteus eram os terroristas do mundo há cerca de três mil anos. Eram um povo assassino, agressivo e andavam por aí matando qualquer um que encontrassem pelo caminho.

Há uma história no Livro de Juízes sobre como um homem chamado Sangar salvou Israel da destruição ao matar seiscentos filisteus usando uma só mão com uma aguilhada de bois (aguilhada de bois é uma vara comprida, com ferrão na ponta, usada para conduzir e instigar bois.)

O Livro de Juízes menciona o nome de Sangar duas vezes, o que é incrível, considerando que ele era um "ninguém": "Depois de Eúde veio Sangar, filho de Anate, que matou seiscentos filisteus com uma aguilhada de bois. Ele também libertou Israel." (Juízes 3:31.) "Nos dias de Sangar, filho de Anate, nos dias de Jael, as estradas estavam desertas; os que viajavam seguiam caminhos tortuosos."(Juízes 5:6)

Quando Sangar viu sua família e sua nação sendo atingidas pelas ameaças dos terroristas filisteus, ele provavelmente já estava com sua aguilhada nas mãos, pois era a ferramenta que usava em seu trabalho diário de conduzir seus bois pelos campos. Sob aquelas circunstâncias, a ferramenta foi convertida numa arma letal. Matar seiscentos homens sozinho parece um feito impossível, mas Sangar obteve sucesso.

Posso constatar três chaves para o sucesso dele. Vou compartilhá-las aqui, pois creio que precisamos conhecê-las. Talvez nossa disputa não seja de seiscentos contra um, mas é ruim o bastante. Para alguns de nós, o desafio é físico. Talvez você tenha recebido um diagnóstico médco que parece ser impossível de ser mudado. Estamos de pé contra o inimigo, mas ninguém espera que possamos vencê-lo. Talvez seus desafios sejam financeiros, e parece difícil acreditar que "todas as coisas são possíveis para Deus" (Marcos 10:27).

Duvido que algum de nós esteja enfrentando seiscentos assassinos, como aconteceu com Sangar. Entretanto, ele obteve sucesso quando qualquer outro homem inferior teria falhado. Tudo porque agiu de acordo com essas três verdades simples:

1. Começou por onde estava.
2. Usou o que tinha.
3. Fez o que podia fazer.

Sei que isso parece simples demais, mas, como muitas coisas simples, elas são profundas quando começamos a analisá-las.

Ele começou por onde estava. Onde? Ele era um camponês, e começou em seus campos. O campo do qual ele retirava sua colheita se tornou seu campo de batalha.

Sangar não era do exército, não havia estudado sobre guerra. Não ocupava uma posição de poder. Tenho certeza de que ele desejou estar em circunstâncias diferentes, pois sua posição não era a ideal. Ele era apenas um camponês que tinha uma família, vizinhos, e nenhuma proteção contra os filisteus. Ele sabia que se algo mudasse em relação ao seu futuro, teria que resolvê-lo pessoalmente.

Isso me faz lembrar da história do fundador da Domino's Pizza, Tom Monaghan. Ele começou onde estava em 1960, com uma pequena pizzaria no buraco de uma parede. Ele lutou para fazê-la dar certo durante oito anos. No oitavo ano, um incêndio deixou o estabelecimento em cinzas, e a companhia de seguros lhe pagou apenas um centavo por cada dólar perdido. Tudo o que ele sabia fazer era pizza, então iniciou outra pizzaria. Ele tinha que trabalhar cem horas por semana, sete dias por semana e, até aquele momento, só havia tido uma semana de férias – em sua lua de mel.[1] Em 1971 ele devia cerca de um milhão e meio de dólares, o que é muito quando não se tem como pagar.[2]

Então, ainda ocupando seu "campo", que era o negócio de pizzas, ele decidiu tentar algo radical. Decidiu limitar seu menu a pizzas apenas e a entregá-las quentes e frescas aos clientes – de graça – em vez de esperar que eles viessem até a loja para comprar. O plano deu certo. Até 2007, a franquia da Domino's Pizza havia se expandido a 6.100 estabelecimentos nos Estados Unidos e em vários outros países.[3] Hoje, Tom Monaghan é um dos homens mais ricos do país e gasta grande parte de seu dinheiro com causas filantrópicas. Tudo isso porque ele permaneceu levantando-se e tentando novamente.

No Novo Testamento, lemos "esteja preparado a tempo e fora do tempo" (2 Tm 4:2). Devemos estar preparados e prontos para o que acontecer. A palavra *tempo* tem a ver com *oportunidade*. Ou seja, é melhor nos prepararmos agora que nada parece estar acontecendo, pois o tempo mudará e a oportunidade aparecerá. E quando ela vier, precisaremos estar preparados, pois às vezes ela vem uma vez somente.

Sangar usou o que possuía. Ele não tinha um tanque de guerra nem um helicóptero, seus recursos eram extremamente limitados. Tudo o que ele tinha era uma aguilhada de bois, que não havia sido feita para ser uma arma. Mas ele a usava todos os dias para trabalhar, então a manejava muito bem.

Qual é sua "aguilhada"? Deus lhe deu uma. Ele providenciou algo para que você usasse na situação em que você se encontra. Pode ser algo que lhe seja familiar. Ele quer lhe mostrar o que é, e quer que você a use com confiança e força, aplicando tudo o que tem e suas habilidades. Tenho certeza de que Sangar não saiu simplesmente do campo com sua aguilhada, resmungando para sua esposa "Bem, querida, acho que vou lá e lutar com os filisteus hoje. Provavelmente morrerei, mas eu vou." Não, acho que deve ter sido bastante intenso.

Se estivermos em Deus e Ele em nós,
estaremos cheios de entusiasmo.

Creio que Sangar estava enérgico, bramando para fora do campo. Se ele matou seiscentos filisteus de uma só vez ou se preparou uma emboscada, não sabemos. Gosto de pensar que ele os encurralou. Talvez tenha matado "apenas" trinta ou quarenta de uma vez, e quando os outros que haviam escapado viraram-se, em vez de virem o restante do exército, depararam-se com aquela visão daquele homem sujo de sangue com uma aguilhada nas mãos.

Sangar usou o que tinha, que era sua aguilhada – e seu entusiasmo. Você sabia que a palavra *entusiasmo* vem da raiz grega *entheos*, que significa "em Deus" ou "possuído por Deus"? Logo, se estivermos em Deus e Ele em nós, estaremos cheios de entusiasmo e super animados com nossa vida. Ser enérgico foi um grande ingrediente do sucesso de Sangar, assim como sua aguilhada.

Nós também podemos pegar o que temos em mãos e usar. Podemos ser como o menino nos Evangelhos que ofereceu seu alimento para Jesus, e Jesus o multiplicou. Dê a Deus o que você possui, e o milagre acontecerá. O milagre vem do que já temos, e não do que não temos.

Isso é o que Madre Teresa sempre dizia às pessoas. Após se tornar bem-sucedida e famosa devido ao seu ministério com os enfermos e os pobres de Calcutá, na Índia, admiradores a seguiam. Eles diziam "Madre Teresa, quero fazer o que a senhora faz! Quero deixar tudo que possuo e juntar-me ao seu trabalho!"

Ela sempre respondia com a seguinte frase: "Encontre sua própria Calcutá." Ou seja, ela estava dizendo, "Siga seu próprio sonho" e "Use o que você já tem."

Certa vez, perguntaram a Henry Ford, "Qual é o segredo do seu sucesso?" A resposta dele foi "Quando você começar algo, termine-o." Ele sabia do que estava falando, pois teve que perseverar contra cinco falências e erros colossais, como esquecer de colocar a marcha ré em seu primeiro Tin Lizzie.

Sangar não saiu de seu campo presumindo que seria derrotado, nem pensando que não poderia fazer a diferença. Esse pensamento nunca lhe ocorreu. Ele deu um passo com o que tinha e usou-o até o fim. Ele perseverou. Não desistiu nem fugiu.

Martin Luther King Jr. foi outra pessoa que usou o que tinha. Quando frequentava a Faculdade Morehouse em Atlanta, Geórgia, seu professor de oratória escreveu uma nota no topo de um discurso que ele havia proferido em sala de aula: "Martin, se você continuar usando palavras pomposas e linguagem extravagante, você nunca será eficaz em falar em público." Sempre penso se aquele professor assistiu a King quando proferiu seu discurso "Eu Tenho um Sonho". Espero que sim. King pegou suas palavras pomposas e sua linguagem extravagante e fez o que pôde com elas.

Façamos o que podemos com os recursos que temos. Possuímos uma arma secreta extra que não foi mencionada por Sangar – a oração. Com oração em nosso arsenal, podemos fazer muito mais do que se estivermos sem ela. A oração nos leva a lugares aonde não podemos ir pessoalmente. E. M. Bounds disse "Orações são imortais. Elas podem ultrapassar uma geração, uma época, e um mundo."

Somente somos corajosos quando fazemos o que é certo apesar de nossos medos!

É impossível exagerar demais a importância da oração para o sucesso de tudo que fazemos. Quando Jesus disse "Eu farei o que vocês pedirem em Meu nome", ele estava falando sobre oração (ver João 14:13). Todas as coisas são possíveis se você orar. (Ver Mt 19:26; Mc 9:23; 10:27; 14:36).

Uma palavra sobre fé versus medo

Dizem que medo é uma evidência falsa que parece real. Ele vem em duas categorias:

1. Medo de não conseguir o que preciso.
2. Medo de perder o que tenho.

Qualquer pessoa que superou desafios ou fez a diferença, o fez apesar de seu medo, pois estava desesperada e sentia que não tinha outra escolha.

Pode ter sido também inspirada pelo exemplo de alguém. Disse: "Se não eu, quem? Se não agora, quando?" Não pensou muito em tudo, senão teria mudado de ideia.

Pelo que você está esperando? Um sentimento de coragem? Esqueça! Isso não existe. Somente somos corajosos quando fazemos o que é certo apesar de nossos medos!

Veja se você consegue descobrir qual é seu medo. Se puder dizê-lo, poderá vencê-lo. E entenda o seguinte: o medo atrai Satanás assim como a fé atrai Deus.

Por alguns anos, viajei como evangelista, pregando em média em seis igrejas diferentes por semana. Durante aquela época, aperfeiçoei um repertório básico de cerca de trinta sermões, que eu pregava tanto que se eu caísse morto durante a pregação, minha esposa poderia terminá-lo. Então, quando me tornei pastor da Free Chapel, enfrentei o desafio de preparar três sermões novos toda semana. Meu maior medo era o de não conseguir. Será que eu tinha o necessário para ficar tranquilo, fazer minha congregação crescer, e construir um sólido ministério? Olhando para trás, vejo a sabedoria de Deus em ação. Ele me colocou numa pequena comunidade em que eu pudesse fazer o mínimo estrago enquanto ainda estava aprendendo.

Todo fim de semana o desafio voltava. Desde terça-feira a pressão ia crescendo até chegar o domingo. Eu geralmente estudava até as duas ou três da manhã de domingo e saía do meu escritório apreensivo, orando "Deus, se o Senhor não me ajudar hoje, vou afundar!"

Mas eu aprendi a nadar. Tornei-me um leitor, descobri grandes fontes, desenvolvi disciplina e hábitos sólidos de estudo, e, acima de tudo, aprendi a depender de Deus como nunca antes.

A Bíblia é um livro de "Davi e Golias", pois nos ensina que, se Deus está ao nosso lado, somos maiores do que qualquer problema. A questão é, cremos nisso o bastante para dar um passo de fé e deixar que Deus nos use? Se cremos em Deus apenas para coisas que podemos fazer sozinhos, O limitamos. Além disso, se você acha que Ele nunca lhe pedirá para fazer algo que você não pode fazer, pense novamente! Jesus disse para um homem andar sobre a água e para outro sair do sepulcro – e eles o fizeram!

Posso dizer por experiência própria que, quando experimentamos coisas que vão além de nossa habilidade, Deus está agindo, demonstrando Seu grande poder.

Algo grande sempre começa com algo pequeno. Tudo o que Deus precisa é algo com o que começar!

Milagres apenas acontecem quando pegamos o que temos e colocamos nas mãos Dele. No momento em que colocamos o que temos à disposição de Deus, os milagres se multiplicam. "Mas eu tenho tantas fraquezas", dizemos. A boa notícia é que podemos ser fortes em algumas áreas e fraco em outras, mas Deus ainda assim nos usa. As mesmas vozes que eu ouvi no início do meu ministério estão lhe dizendo que você não vai conseguir? Livre-se dos seus pensamentos limitados! Comece a sonhar! Quando Deus nos define, que diferença a opinião de outra pessoa faz?

Pare de tentar ser o que você não é, e descubra o que você é. Ao invés de se comparar com os outros, reconheça o que Deus lhe chamou para ser, aceite os dons que Ele lhe deu, e comece a investir neles. Algo grande sempre começa com algo pequeno. Tudo o que Deus precisa é algo com o que começar!

Vivendo na Zona de Fé

Não importa o período em que estamos, Deus quer que aprendamos a dizer "*Não posso* fazer isso com minha própria força. Preciso depender Dele." Nunca teremos todas as respostas, então às vezes teremos que deixar a "zona de conforto", onde podemos enxergar o próximo passo e onde podemos lidar com tudo que vem pela frente, a fim de ir viver na zona de fé.

Como eu disse antes, viver na zona de fé significa alcançar e agarrar o nada e esperar até que ele se torne algo. Deus quer que vivamos nela.

De fato, Ele quer tanto isso que nos estica várias vezes até chegarmos lá. (Ele deixará que fiquemos na nossa zona de conforto por um tempo, se precisarmos, mas Ele realmente não quer que *vivamos* nela.)

Permita que Ele desafie você.

Deixe que Deus lhe desafie a dar um passo de fé. Mesmo se você não estiver desesperado no momento, aceite correr um risco de fé apenas porque Ele está lhe chamando.

Quando você se mover para a zona de fé, irá descobrir que é onde Deus *mora*.

Eu não estaria escrevendo isso se tivesse escolhido viver minha vida na zona de conforto. Quando fui evangelista por um tempo, eu estava na zona de conforto. Estava na minha denominação. Cherise e eu viajávamos e ministrávamos. Estávamos indo bem, e tínhamos um salário seguro. Sentíamos que tínhamos um bom futuro e que tudo estava "lindo e maravilhoso". Mas em meio àquela segurança e calmaria, o Espírito de Deus começou a me agitar com um tremendo descontentamento.

Eu me achava absolutamente miserável, apesar de ter tudo (eu pensava). O Espírito de Deus começou a me tocar e disse "Você está pronto para sair da zona de conforto e ir para a zona de fé? Você pode permanecer aqui, e ficará tudo bem, mas nunca verá milagres, nunca verá o sobrenatural, nunca verá realmente o que eu fiz na sua vida – a menos que você ouse a sair dessa zona de conforto e dê um passo em direção à zona de fé."

Fico tão feliz por eu ter aceitado o convite Dele! Deixamos de fazer apenas coisas *boas* e passamos a estar no centro da perfeita vontade de Deus, e há muita diferença entre esses dois. Agora, preciso lhe dizer que quando estamos na vontade de Dele, às vezes podemos nos sentir um pouco inseguros, ou desconfortáveis. Porém, aprenderemos a depender do Senhor como nunca teríamos aprendido na zona de conforto. Lembre--se, quando uma oportunidade divina aparece, ela é um presente de Deus para você. E o que você faz com essa oportunidade é um presente seu para Deus.

Precisamos aprender algo sobre Deus. A Bíblia diz "Sem fé é impossível agradar a Deus" (Hb 11:6). Isso significa que não importa quantas atividades religiosas estão acontecendo na nossa vida, pois se não estivermos firmados na fé, não agradaremos a Deus.

Quando uma oportunidade divina aparece, ela é um presente de Deus para você. E o que você faz com essa oportunidade é um presente seu para Deus.

Quando estamos na zona de conforto, não sentimos necessidade de orar e buscar a Deus por todas as coisas, pois já estamos satisfeitos com o que temos. Não precisamos ser ungidos, pois podemos fazer tudo sem unção. Apesar de a zona de conforto ser o que tentamos alcaçar durante toda a vida, não é o sonho de Deus para os seus filhos. Sua vontade é que Seus filhos sempre dependam Dele. Sempre.

Se você quiser estar onde Deus está, rompa com sua zona de conforto e comece a viver na zona da fé. É arriscado, mas é aí que Ele vive!

A zona de fé é onde milagres acontecem. Nunca veremos um "Mar Vermelho" se abrir se permanecermos na zona de conforto. Nunca veremos maná cair do céu sobrenaturalmente. Nunca veremos as coisas milagrosas que Deus quer fazer em nossa vida – as coisas extraordinárias e abundantes que vão além do que pedimos e pensamos – a menos que saiamos da nossa zona segura.

Você pode achar que já ouviu essa mensagem antes e ela não funcionou. Você tentou correr um risco, tentou andar sobre as àguas, e afundou como uma pedra. Mas lembre o que eu falei anteriormente sobre derrota. É o caminho para o sucesso. Lembre-se de Moisés. Ali estava ele, com oitenta anos de idade, e já havia passado quarenta anos no deserto, tomando conta de ovelhas. A vida dele parecia uma derrota completa. E achava que havia escutado Deus da última vez, e veja o que aconteceu. E então um arbusto em chamas começa a falar com Ele.

Deus não parecia estar restrito pela opinião limitada de Moisés sobre o assunto. Ele geralmente não precisa de alguém que seja super preparado e super inteligente. Ele simplesmente precisa de alguém que dependerá Dele, alguém como Moisés que diga "Sim, senhor, eu obedecerei, mas não conseguirei fazer isso sozinho." Ali estava ele com todos os seus problemas e inseguranças – além de sua idade avançada – e Deus o ajudou a fazer o impossível.

Enquanto permanecermos na zona de conforto, não cresceremos. Não podemos permanecer os mesmos e aprender algo ao mesmo tempo. Muitas pessoas foram salvas, estão livres do inferno. Estão a caminho do céu, sem dúvidas. Tudo bem. Mas talvez haja mais do que isso. Talvez Deus esteja batendo às suas portas, tentando chamar a atenção, para que elas saiam de suas casinhas seguras e mergulhem no batismo com o Espírito Santo e muito mais.

Muitos têm tanto medo de arriscar qualquer coisa que ficam apenas atrás de suas portas fechadas. É como se vivessem a vida inteira no Egito, a terra do "insuficiente". Mas algumas pessoas dão um passo de fé – e caminham no deserto, a terra do "suficiente". Se continuarem seguindo em frente, vivendo pela fé, chegará o dia em que entrarão na terra prometida, aquela que mana leite e mel, onde a colheita é tão grandiosa que nos surpreende. É a terra do mais que suficiente, onde andamos pela fé o tempo todo de tal forma que, se as montanhas estiverem no caminho, Deus as move para passarmos; e, quando os mares estiverem no caminho, Deus os abre para continuarmos a jornada. Vale a pena passar um tempo pelo deserto para chegar lá, e também vale a pena o desconforto de ser esticado.

Todas as vezes que os crentes saem da segurança do antigo e confortável caminho e começam a confiar na provisão de Deus, têm que lidar com o grande fator do desconhecido. Veja como Paulo escreveu isso quando disse aos anciãos da igreja de Éfeso qual seria o próximo passo: "Agora, compelido pelo Espírito, estou indo para Jerusalém, *sem saber* o que acontecerá ali" (Atos 20:22, ênfase minha). "Sem saber", ele estava indo mesmo assim. Não sabia se seria recebido ou assassinado. Tudo o que sabia era que estava na vontade de Deus, e que estava sendo guiado pelo Espírito Santo

117

naquela viagem. Não sabia mais nada além disso, era como se estivesse caminhando com os olhos fechados. Isso é viver pela fé.

Isso se aplica a algo em sua vida neste momento? Você já recuou num caminho por medo de derrota ou por medo de sofrer? Tem tentado se esconder em sua zona de conforto para nunca mais ficar vulnerável novamente? Talvez você tenha passado por um divórcio e não quer mais confiar em ninguém. Talvez seja outra coisa. Seja o que for, analise profundamente a situação. Aplique a ela alguns desses versículos. Lembre-se de Paulo e Moisés e todas as pessoas que correram riscos e deixaram seus costumes.

Abra-se para o Espírito Santo, e diga a Ele "Senhor, quero entregar a Ti os meus medos. Entrego minha vida a Ti. Quero viver na fé. Eu creio; Perdoa minha incredulidade! Encha-me de coragem e supra-me com fé. Quero andar em Sua vontade."

Alimentando a Fé

Tudo isso é parte do processo de cumprimento do sonho. Cada etapa depende de Deus. Até mesmo os obstáculos deixam de ser barreiras e se tornam importantes. Vamos dar uma olhada mais profunda no que estou querendo dizer. O que consideramos obstáculos enquanto na visão de Deus são apenas etapas do processo? Aqui estão seis coisas em que pude pensar:

1. O propósito de Deus pode ser ameaçado desde seu nascimento.

2. O sonho de Deus pode ser contaminado pelas influências seculares.

3. Podemos vivenciar derrotas.

4. Podemos ser rejeitados.

5. Podemos nos sentir inadequados.

6. Nosso sonho divino pode precisar de um longo tempo de preparação.

Podemos ver como qualquer um dos pontos acima poderiam alimentar o desencorajamento e a derrota em vez do sucesso. Porém, você consegue enxergar como também poderiam alimentar nossa fé?

Ao ser rejeitado, qual é a única forma de tornar algo negativo em positivo? É voltando-se – pela fé – Àquele que nunca rejeita ninguém. Quando fazemos isso, tornamos um grande obstáculo de rejeição em um grande passo em direção a Deus. Torna-se um grande passo em direção ao cumprimento da vontade Dele em nossas vidas.

Pense nos grandes nomes da Bíblia: Moisés, José, Davi, Paulo, e Jesus. Pense em quantas vezes ele enfrentaram obstáculos esmagadores (de seus próprios feitos ou não – não importa). Releia os relatos bíblicos sobre cada um deles, e faça uma correspondência da história deles com a lista acima.

Quais foram "sobreviventes" inclusive desde o nascimento? Quais tiveram que prevalecer sobre influências seculares, às vezes por anos e anos? Quantos foram rejeitados, incompreendidos, rotulados como derrotados? Como puderam lidar com o longo tempo de preparação?

Espero que você possa enxergar cada um dos seis obstáculos na vida de cada um deles. Agora que conhecemos o fim de suas histórias, sabemos como vencer, como alcançar nosso objetivo. Sabemos que tipos de sonhos e metas Deus tinha em mente para eles enquanto estavam ocupados cuidando dos detalhes.

Olhando para vida deles a partir dessa perspectiva, minha vida e a sua podem ser vistas sob uma nova luz. Vamos conseguir "tendo os olhos fitos em Jesus, autor e consumador da nossa fé. Ele, pela alegria que lhe fora proposta, suportou a cruz, desprezando a vergonha, e assentou-se à direita do trono de Deus." (Hebreus 12:2)

REVISÃO

Vivendo na Zona de Fé

- Sangar matou seiscentos filisteus com sua aguilhada de bois. Começou por onde estava, usou o que tinha, e fez o que podia.

- No processo de caminhar em direção ao cumprimento do nosso sonho, podemos esperar que os obstáculos se tornem importantes passos para a fé.

- Deus quer que vivamos na "zona de fé" e que isso requer sair de nossa zona de conforto.

Capítulo 8

NÃO ABANDONE SEU SONHO

A lcançar seu sonho requer um processo – leva tempo, persistência, paciência. Neste capítulo iremos descobrir a importância de agarrar nosso sonho com firmeza e como desfrutar do processo, mesmo se for longo e nos levar por um caminho desconhecido que exija muita fé e comprometimento total.

Eclesiastes 9:10 diz "o que suas mãos tiverem que fazer, que o façam com toda sua força". Isso significa entregar-se diligentemente à tarefa. Envolve paixão, determinação, e excelência. É o oposto de apenas "se virar" ou fazer o mínimo possível.

O segredo para descobrir nosso destino é encontrar algo que gostamos tanto de fazer que faríamos até de graça. Então, torne-se tão bom nisso a ponto de fazer com que as pessoas queriam pagar para que você o faça.

... E Ainda Mais

Quero lhe mostrar três palavras que podem transformar sua vida: *e ainda mais*. Não apenas sobreviver e ir levando a vida.

Quero lhe apresentar um pessoa "e ainda mais" em Gênesis 24. No Antigo Testamento, era costume que os pais escolhessem com quem seus filhos se casariam. Como pai de quatro meninas, sou totalmente a favor disso!

Quando era tempo de Isaque se casar, seu pai, Abraão, enviou seu confiável servo Eleazar para encontrar-lhe uma esposa. Como não havia classificados nem computadores naquela época, Eleazar disse a Deus: "que a mulher com que o Senhor quer que Isaque case ofereça água para mim e meus camelos." (Ver Gênesis 24:14)

Ele foi ao poço de água e esperou. Era comum as mulheres irem até lá pegar água para suas casas, então podemos presupor que muitas mulheres transitavam por ali. De repente, uma linda moça chega perto de Eleazar, um completo estranho, e lhe oferece um pouco de água. Ele apenas observa enquanto ela calmamente pega o balde e enche-o de água e gentilmente pergunta "Senhor, gostaria de um pouco de água?" Ele provavelmente levantou uma sobrancelha mas não disse uma palavra. "Sim, obrigado". E depois ela diz "Senhor, à propósito, eu irei ofertar três ou quatro horas do meu tempo, e vou dar água aos seus camelos também." E o servo está ali, sentado, pensando "Uau!" No entanto, nós lemos isso e não entendemos muito bem.

No Antigo Testamento, era comum oferecer água a um estranho. Era a chamada *lei da hospitalidade*. No Novo Testamento, esperava-se que ninguém se esquecesse da "hospitalidade; foi praticando-a que, sem o saber alguns acolheram anjos." (Hebreus 13:2) Fazia parte da cultura hebraica tratar estrangeiros gentilmente. Então, a questão é a seguinte. Quando Rebeca foi até o servo e disse "Gostaria de um pouco de água?", aquilo era esperado dela. Era normal. Mas, quando ela adicionou as palavras "E também darei aos seus camelos", tudo mudou pois o que ela estava dizendo era "Farei o que devo fazer e 'ainda mais'".

Uma das maiores lições de vida que podemos agarrar é essa: não faça apenas o que é esperado de você. Não faça apenas o que a função do seu trabalho exige, o que as pessoas esperam que você faça. *Faça ainda mais.*

A moça tinha dez camelos para os quais dar água. Camelos bebem 150 litros de água. Sabia que eles haviam viajado 800 quilômetros cruzando o deserto da Mesopotâmia? Isso mesmo, 800 quilômetros. Eles estavam morrendo de sede e ela tinha que dar 150 litros de água para cada um. No total, 1500 litros!

Não faça somente o que seu trabalho pede, o que as pessoas esperam que você faça. Faça o que é esperado e ainda mais.

Ali estava ela, com a meia-calça rasgada e quebrando as unhas. A maioria das pessoas, no lugar dela, diria "Esse não é o meu trabalho. Não é minha tarefa. Farei somente o que tenho que fazer. Aqui, você, tome um pouco de água, mas cuide sozinho desses seus camelos feios. Não vou dar água para eles." Porém, havia algo naquela moça que chamou a atenção do Deus Todo-Poderoso - e ela se tornou a tatara-tatara-tatara-tatara-avó de Jesus Cristo devido a sua ética de trabalho. Foi porque ela não deu apenas; ela deu ainda mais.

O que aconteceu com a ética de trabalho na América? A filosofia da maioria das pessoas é: "Qual o mínimo que eu posso fazer e ainda ser aceito?" ou "Farei somente aquilo que eu fui contratado para fazer. Farei somente o que esperam que eu faça. Farei o que todo mundo faz, e isso é o suficiente." Mas, não, isso não é suficiente! Se você é cristão, então as pessoas esperam que você faça o que deve fazer - e ainda mais.

A filosofia atual nos locais de trabalho é algo assim: "Quero máxima recompensa por mínimo esforço. Quero dar o menos que eu puder e receber tudo o que eu puder." Com essa mentalidade, criamos um monte de pessoas miseráveis e de má qualidade que esperam algo por nada, e elas não entendem o príncipio bíblico de não fazer apenas o que fomos contratados para fazer ou o que espera-se que façamos. Veja bem, a diferença entre alguém muito bem-sucedido e alguém mediano é essas três palavras - *e ainda mais*. Uma pessoa de sucesso fará o que esperam que ela faça "e ainda mais".

Um grande atleta fará o que deve fazer, mas quando os outros forem embora ele continuará lá atirando arcos, pois ele tem essa atitude de "ainda mais" dentro de si. Um casamento bem-sucedido é composto de um casal que diz "Não farei apenas o que ele ou ela espera que eu faça. Não é metade-metade. Farei o que devo fazer, *e ainda mais*."

Jesus falou sobre isso da seguinte forma: "Se alguém o forçar a caminhar com ele uma milha, vá com ele duas." (Mateus 5:41). Essa frase veio da época em que os soldados romanos faziam os judeus carregarem suas armaduras e suas bolsas. Esperava-se que um judeu caminhasse uma milha. E Jesus dizia "Considerando seus inimigos e opressores, os soldados romanos, se lhe pedirem para andar uma milha, já que você é um cristão, ande duas - voluntariamente, sem que lhe seja pedido, para que vocês possam testemunhar quem Eu sou em suas vidas." Jesus disse "se a justiça de vocês não for muito superior à dos fariseus e mestres da lei, de modo nenhum entrarão no Reino dos céus" (Mateus 5:20). Bem, espere um minuto. O que era a justiça dos fariseus? Eram eles que batiam o último martelo. Faziam tudo de acordo com o livro e paravam por aí. Faziam somente o que devia ser feito e ponto final. Acerca disso Jesus disse "A justiça de vocês não deve ser como a dos fariseus."

Evangelismo nesta cultura não é apenas um púlpito. Poderia também ser o ambiente de trabalho quando fazemos mais do que esperam que façamos. Os cristãos não deveriam ir para o trabalho de manhã com a seguinte mentalidade: "Farei somente a minha cota; apenas o que se espera que eu faça". Ao invés, deveriam pensar o seguinte: "Farei um pouco mais, caminharei a segunda milha. Farei o que esperam que eu faça, e algo mais. Não porque o patrão está olhando. Faço quando ele não está olhando também, pois meu verdadeiro chefe é Deus." Se começarmos a operar com esse princípio, sabe qual seria a primeira pergunta numa entrevista de emprego? Seria "Você é cristão?" As empresas enviariam recrutadores às igrejas e implorariam que fôssemos trabalhar para eles, dizendo "Por favor, por favor, é que vocês não são aqueles que fazem somente o que é esperado, mas são o grupo do 'ainda mais'."

Tudo é abençoado porque você é um cristão.
Esse deve ser o testemunho.

Se alguém lhe paga para fazer algo, seja grato e vá ao trabalho. Não seja preguiçoso, pois esse será seu testemunho. Jesus disse: "Assim brilhe a luz de vocês diante dos homens, para que vejam as suas boas obras e glorifiquem ao Pai de vocês, que está nos céus" (Mateus 5:16). Como assim? Eles veem nosso trabalho e isso nos dá testemunho diante deles. Se quisermos testemunhar para nosso chefe, devemos fazer diariamente um esforço extra, e a oportunidade virá. Então, ele respeitará nosso testemunho. Ele dirá "Ore por mim". Mas isso não acontece porque distribuímos adesivos e folhetos cristãos, apesar de não haver nada de errado nisso. O que quero dizer é que há formas melhores de ser eficaz.

A Madre Teresa nunca era interrompida por qualquer grupo. O desempenho dela lhe deu uma imagem, e ela era respeitada por ser tão boa no que fazia. O que acontece é que queremos uma boa imagem sem um bom desempenho. Simplesmente pensamos que todos deveriam nos escutar, mas eles não se importam até enxergarem de forma tangível um bom testemunho em nós. Olham para nossa família, nosso casamento, nossa vida e nossas finanças. Tudo é abençoado porque somos cristãos. Esse deve ser o testemunho.

Rebeca disse "Não vou dar água apenas para o senhor, mas para seus camelos também." Uau! "Não vou apenas consertar seu carro porque eu sou mecânico, mas também vou lavá-lo, e quando você voltar, vai se surpreender." "Não vou apenas construir uma casa para você, mas também farei essa coisinha extra porque sou um cara legal. E não lhe cobrarei nada.

Nem mesmo lhe direi que fiz, deixarei você descobrir sozinho." Sabe o que acontecerá? Sabe o que isso constroi nas pessoas? Constroi lealdade. Eu certamente voltaria a alguém que fizesse essas coisas por mim, mesmo se tivesse que pagar um pouco mais. É assim que se conquista clientes para a vida inteira, pois três palavras foram colocadas ao final do serviço contratado - *e ainda mais*. Podemos aumentar nosso valor tremendamente quando fazemos isso.

Bênçãos extras vêm com esforços extras. Oramos "Deus, faça-nos prosperar", e Deus olha para nós e diz "Faça algo excelente. Faça um esforço extra. Faça algo além do que é esperado." Agora, permita-me aplicar isso ao seu casamento por um instante. O que aconteceria se todo casamento não fizesse apenas o que é esperado? Os tribunais de divórcio ficariam desertos. Casamentos não seriam arruinados, pois o casal faria mais um pelo outro.

Eu sou responsável pela minha família. Sou responsável pelas minhas filhas. Como homem, o cabeça da casa, sou responsável pelas finanças. Não saia gritando que você é o cabeça da casa se não quiser assumir a responsabilidade disso. E, se as coisas não estiverem bem em casa, a responsabilidade é sua. Faça o que é necessário e ainda mais. Ed Cole disse: "Você é masculino por nascimento e homem por escolha."

Você já ouviu falar sobre a mãe dos três meninos da pré-escola que foi indagada se ainda gostaria de ter filhos se tivesse que fazer tudo de novo? "Claro", ela respondeu. "Mas não os mesmos três." Você ri, mas se seu sonho é simplesmente criar sua família no temor do Senhor, você realmente tem um grande sonho e propósito! Não ache que você tem que ter algum outro sonho grandioso que seja importante para Deus.

A tarefa de todo pai e de toda mãe é colocar a família em primeiro lugar e ensinar a ela o caminho em que deve andar para que quando envelheça não se desvie dele (Pv 22:6). Se você completou essa tarefa com sucesso, já cumpriu uma das maiores missões da vida.

Temos que ensinar nossos filhos a não se contentarem com a atitude do "suficiente". "O patrão não está aqui, então vamos relaxar. O chefe não está aqui, então não vamos fazer nada. Ele não saberá se lavamos o chão ou não. Ninguém vai ver se limpamos aquele espaço ali ou não. Está imundo, mas deixa pra lá." Veja bem, seu verdadeiro chefe é Deus. E Ele diz "Faça o que deve fazer - e ainda mais."

Você talvez diga: "Eu fiz, e ninguém notou. Passou despercebido." Porém, garanto que se você continuar a seguir esse princípio, o próprio Deus abrirá uma porta e lhe recompensará além do que você possa imaginar. "Seja fiel no pouco; Eu o porei sobre o muito." (Ver Mateus 25:21). Deus disse que faria isso. Ele se chama *El Shaddai*, que significa Deus Mais que Suficiente, não apenas o necessário - Ele faz Mais que o Necessário.

Quando Rebeca deu água àqueles camelos por mais de três horas voluntariamente, ela não tinha ideia de quais consequências aquela ação geraria. Não imaginava que aqueles camelos estavam carregados com diamantes, brincos, rubis, e ouro. Leia sobre isso em Gênesis 24. Ela não fazia ideia. Era apenas mais um dia normal. Aquela ação fazia parte do seu estilo de vida. Ela era uma pessoa gentil, e estava acostumada a fazer o que devia - e ainda mais. Quantos dias haviam passado sem que ninguém a percebesse ou a recompensasse? Mas ela continuou fazendo o que era correto aos olhos do Pai.

Os camelos de Eleazar estavam carregados com ouro e pedras preciosas. Quanta riqueza! Estava escondida em algo feio, em algo banal, numa coisa rotineira. Estava escondida na atitude ir além do que era esperado. Ela não sabia que haveria uma incrível recompensa financeira. Muitas pessoas atiram em camelos, em vez de andar neles. Não cace camelos, ande neles. Ela estava prestes a andar naquele camelo para qual ela estava dando água, a caminho de Isaque, seu príncipe encantado, nascido na família mais rica do planeta. Aquela situação chata e trabalhosa na verdade se tornou uma porta para um futuro fenomenal quando ela decidiu dar água em vez de amaldiçoar. Fico pensando em quantas vezes Deus enviou situações chatas e trabalhosas e nós apenas balançamos os ombros e dissemos "Não é meu problema", e por trás daquele disfarce havia uma grande promoção se tivéssemos sido fiéis em fazer o que era devido - e algo mais. A partir dessa história, posso apontar cinco coisas que devemos fazer para liberar a vontade de Deus em nossas vidas, cinco passos em direção ao nosso destino.

1. Não despreze as pequenas coisas.

A fidelidade com pequenas coisas traz grandes recompenas. Deus é nosso chefe. Ele vê quando somos fieis no pouco. Grandes portas balançam em pequenas dobradiças.

2. Não espere pelos grandes momentos.

Grandes momentos não chegam para aqueles que esperam por grandes momentos. Eles são gerados pela fidelidade em momentos pequenos e insignificantes da nossa rotina que não são glamurosos nem empolgantes. O grande momento vem quando somos fiéis nas pequenas coisas. "Queria que me chamassem para fazer um solo." Então entre num coral. Vá ao ensaio, e deixe que alguém o perceba. Você já assistiu a um jogo de beisebol? Ele não é feito de grandes momentos. Há apenas dois ou três. Mas um bom time permanece ganhando.

3. Ajude as pessoas.

Rebeca não citou um versículo. Ela não puxou um lenço da cura e começou a derramar óleo ungido. Não, ela simplesmente disse "Eu vou lhe ajudar." Isso não é um testemunho? Não é uma abordagem diferente? Ao invés de tentar ser super espiritual, por que não somos legais com as pessoas? Ela deu água a um estranho e depois cuidou dos camelos dele.

4. Faça o seu melhor - e ainda mais.

Não podemos caminhar a segunda milha antes de caminhar a primeira. As pessoas podem confiar em você ao darem as costas e irem embora sem pensar se você fará o trabalho ou não? Se sim, então talvez você seja um cristão. Se você ajudar uma pessoa com o sonho dela, Deus lhe revelará o seu.

5. Quando Deus abrir a porta, entre por ela.

Eleazar viu Rebeca, com seu próprio tempo e gastos, servir 1.400 litros de água àqueles camelos sujos. Em Gênesis 24:54-56, vemos como a história se desenrola. O servo, então, quando a tarefa estava completa, disse "Deixe-me dizer quem eu sou e quem você é. Acabei de presenciar sua ética de trabalho. Você é a noiva escolhida. Venha comigo." A Bíblia diz que o irmão e a mãe dela disseram "Estamos animados com isso, mas precisamos de dez dias." O servo respondeu "Não vamos esperar dez dias. É agora ou nunca." Nosso esforço extra sempre abre uma porta. Quando Deus abri-la, não recue. Não fique intimidado. Não se atrase. Não tenha vergonha. Não diga "Não sou bom o bastante." Não diga "Alguém poderia fazer isso melhor." Se Deus quisesse outra pessoa, Ele a teria colocado onde você está.

Se uma oportunidade entra em seu caminho e Deus abre uma porta, levante-se, e passe por ela, pois o Senhor irá contigo. Deus suprirá o que você não tem. Ele suprirá as habilidades que você não possui. Ele derramará Sua unção sobre essa situação. Já O vi abrir portas e pensei "Alguém pode fazer isso muito melhor. Billy Graham deveria estar fazendo isso." Não, não! Quando Deus abre a porta, devemos entrar porque Ele nos vê fazendo o que é necessário - e ainda mais.

Nosso esforço extra sempre abre uma porta. Quando Deus abri-la, não recue. Não fique intimidado.

Nós ficamos esperando por promoção sobrenatural. Dizemos "Unja-me para ser promovido." Mas se não fizermos nossa parte no natural, Deus não poderá abrir a porta para o sobrenatural, pois não teremos a integridade, a ética, e o caráter necessários para sermos promovidos.

"Me Dá Essa Montanha"

Quando tinha seus quarenta anos, no auge da vida, Calebe foi um dos doze espiões que Moisés enviou à Terra Prometida, que estava ocupada por outros povos naquela época. Enquanto estava em sua missão de espionagem, Calebe avistou uma montanha em particular. Ele queria tê-la. Achava que teria direitos sobre ela já que os israelitas viriam e conquistariam a terra, pois ele havia sido um dos espiões.

Isso deu um propósito definido à vida de Calebe, um propósito grande e empolgante o bastante para mantê-lo vivo por muito tempo. Ele eventualmente alcançou o sonho de possuir aquela montanha, mas não aconteceu rápido. Na verdade, quarenta anos tiveram que passar antes que ele pudesse pensar naquilo novamente. Agora, ele já tinha oitenta anos, mas Deus o havia preservado tão forte como se ele estivesse no auge de sua vida a fim de estar preparado para aquele dia. Finalmente, ele pôde dizer "Dê-me, pois, a região montanhosa que naquela ocasião o Senhor me prometeu." (Josué 14:12)

Muitos atrasos aconteceram naquele período de quarenta anos. Para os iniciantes, logo depois que Calebe e os outros onze espiões retornaram, o povo de Israel se recusou a entrar na terra porque estavam com medo dos gigantes. De forma alguma arriscariam suas vidas após o alarmante relato da maioria dos espiões. Dez dos doze espiões haviam persuadido Moisés e o povo a desistir, enquanto somente Josué e Calebe apoiavam uma visão contrária. Dessa forma, eles foram vencidos.

No entanto, sabemos como a história acaba. No final, Calebe tomou posse da montanha. Seu sonho virou realidade. Vamos dar uma olhada na história do processo de quarenta anos com mais detalhes, pois enfrentamos os mesmos impedimentos que Calebe enfrentou, e podemos aprender com as experiências dele.

Medo de gigantes

Dez dos espias retornaram com o medo estampado em suas faces, dizendo "Há gigantes na terra! Não podemos entrar! Somos como anões

perto daqueles homens! Não vamos conseguir! Eles são grandes demais!"
O povo pegou o medo deles. Por causa disso, nunca foram em direção ao
grande milagre.

Somente Josué e Calebe não tiveram medo. Ele disseram "Os gigantes
não importam. Por que devemos nos preocupar com *eles*? Deus quer que
possuamos essa terra. Vejam! Há frutos enormes! Somos capazes sim de
conquistar essa terra. Deus estará conosco. Vamos!"

Mas o povo não se convenceu. Eles eram como muitos de nós. Mesmo
quando vemos evidências do que Deus está nos direcionando para fazer,
não persistimos, pois ficamos esperando o mar se acalmar. Ficamos esperando até poder colher os frutos sem ter que enfrentar os gigantes. Não
compreendemos que nunca há provisão sem um problema primeiro.

Se recuarmos e esperarmos até que a jornada pareça livre de problemas, nunca colheremos os frutos. Na verdade, podemos contar com o
aumento dos nossos problemas no minuto em que começarmos a ver uma
gota da provisão de Deus. Se planejamos alcançar a terra prometida, temos que fixar nossos olhos naqueles frutos, como se eles fossem realmente
maiores do que os gigantes que os plantaram.

Quando Davi foi lutar contra o gigante Golias, ele não recuou. Ele
fez Golias cair no chão e depois cortou sua cabeça. A fim de seguir em
frente, precisaremos enfrentar um gigante primeiro. Teremos que chegar
bem perto dele para ver o branco de seus olhos. Teremos que fazer isso
sozinhos. Não podemos enviar outra pessoa em nosso lugar. Se evitarmos
gigantes porque temos medo, se quisermos uma vida sem conflitos e problemas, nunca avançaremos.

Gafanhotos

Os espias medrosos haviam dito o seguinte: "Vimos também os gigantes, os descendentes de Enaque, diante de quem parecíamos gafanhotos, a nós e a eles." (Números 13:33)

Gafanhotos! Isso significa que eles se viam como pequenos e insignificantes gafanhotos se comparados aos habitantes de Canaã. Achavam que
os gigantes poderiam pisá-los e esmagá-los.

Sempre me incomodou o fato de eles terem usado a palavra "gafa-nhoto". Sempre pensei por que eles não disseram pelo menos que pare-ciam cachorros ou outro animal um pouco maior e mais forte do que um gafanhoto que não pode correr nem lutar. Gafanhotos têm asas, mas não podem voar, apenas chegam ao alto e descem novamente.

Nós temos asas também, e devemos ser capazes de voar como águias. Ao invés disso, pulamos como gafanhotos. Pulamos de igreja em igreja, de emprego em emprego, de casamento em casamento, e de ministério em ministério. Parece que não conseguimos permanecer tempo suficiente para enfrentar os gigantes e conquistar nossa terra.

Entretanto, não temos que continuar assim. Podemos mudar nossa auto-percepção. Podemos começar a voar como águias, se quisermos. Nos-sa auto-percepção é muito *importante*. A forma como enxergamos a nós mesmos é primordial, pois as outras pessoas percebem isso.

Leite e mel?

Outra percepção enganosa é quanto aos benefícios do lugar aonde es-tamos indo e também quanto ao que deixamos para trás. Quando o cami-nho fica um pouco árduo, às vezes começamos a pensar, como os israelitas fizeram, que seria melhor voltar para o lugar de onde viemos. Esquecemos o quanto era ruim. Eles disseram a Moisés: "Não lhe basta nos ter tirado de uma terra onde manam leite e mel para matar-nos no deserto? E ainda quer se fazer chefe sobre nós." (Números 16:13)

"Leite e mel?" Do que eles estavam falando? Estavam confundidos. O leite e o mel estavam no *futuro*, na Terra Prometida, e não no Egito. Preci-savam enxergar a realidade! Como era a vida antes no Egito? Os hebreus comiam alho e cebola, mas leite e mel nunca haviam sido mencionados até então. Lá, eles eram escravos. Durante todo o dia, tinham que fabricar tijolos de barro e palha. Escravos não recebem leite e mel.

O Egito não chegava nem perto de ser uma terra de leite e mel para eles. Era uma terra de palha e alho! Mas a fim de fazê-los recuar e não alcançar o que Deus tinha guardado para eles, o inimigo os fez pensar que o lugar de onde tinham vindo era melhor. Essa tática lhe soa um pouco familiar?

Neste momento, pode ser que alguns de nós tenham saído do Egito pelo sangue de Jesus, mas se encontram no meio de um deserto. É difícil. É preciso lutar. Falta energia e força para batalhar. A determinação chega ao fim após tantas lutas enfrentadas. De repente, surge o pensamento "Eu não tinha esses problemas antes de me converter", e isso é verdade provavelmente. De repente, surge a vontade de voltar atrás.

Estou lhe dizendo, não deixe a fronteira da terra que mana leite e mel. Lembre-se: o que foi deixado para trás era morte, destruição, e escravidão. Não queira voltar.

Água da rocha

Talvez você diga: "Mas onde estou agora não está tão bom assim." Eu sei que não está, e parte do problema é que você não está na terra prometida ainda. Parte do problema é que você tem estado aí por tempo demais, e o lugar que costumava ser fresco já secou. Foi isso o que aconteceu com os filhos de Israel. Devido à hesitação e ao medo, eles acabaram ficando tempo demais naquele lugar que era de descanso – e a água acabou. Quando isso aconteceu, eles começaram a murmurar.

Em desespero, Moisés e Arão buscaram ao Senhor, e Ele lhes disse o que fazer (ver Números 20:2-13). Deus queria que eles reunissem o povo, e que Moisés pegasse seu cajado, que representava sua autoridade, e o segurasse enquanto falava à rocha, que então jorraria água. Porém, ao invés de falar à rocha, Moisés *bateu* nela com seu cajado.

A rocha representa a visão, mas ao invés de fazer como o Senhor havia ordenado, Moisés ficou tão irritado com as cobranças do povo que bateu nela.

Antídoto para o Medo

A seguir há três medos que eu e você enfrentamos em nossa jornada à terra dos sonhos.

1. *Medo de faces.* O medo de faces é o medo das pessoas; do que elas irão falar e pensar. "Talvez eu parecerei ridículo. Talvez passarei vergonha. É melhor evitar esses riscos. É melhor ficar na minha." Ninguém pode fazer com que nos sintamos inferiores sem o nosso consenso. Lembre-se, existem dois tipos de pessoas que falham: aqueles que não escutam ninguém e aqueles que escutam todo mundo! Deus lhes disse que não tenham medo de suas faces.

2. *Medo de cercas.* É o medo de barreiras. Tememos que seja difícil demais. Pode ser que nos machuque. Talvez tenhamos que trabalhar e suar mais do que o normal. No caso de Moisés, ele poderia ter sido lançado na prisão ou assassinado por seus pedidos ousados. Ninguém nunca tinha feito aquilo antes – ninguém tinha ido a Faraó para dizer "Liberte meu povo!" Charles Lindbergh disse "O sucesso não é medido pelo que um homem conquista, mas pela oposição que enfrentou e a coragem que manteve em sua luta contra ela."

3. *Medo de falhar.* Não é isso que nos para todas as vezes? Gostamos da ideia do sucesso. Gostamos de vencer. Mas é o "E se... ?" que nos trava. "E se eu quebrar a cara? E se eu parecer um idiota? E se...? E se... ?" E então continuamos sentados no sofá, sem ir a lugar algum e sem fazer nada a não ser segurar o controle remoto.

Não saia da visão.

Moisés havia apresentado a visão claramente ao povo de Israel. Eles poderiam deixar de ser escravos e não teriam que voltar ao Egito. Deus lhes estava prometendo uma terra só deles. Tudo o que precisavam fazer era obedecê-Lo. Ele os ajudaria. Com Deus ao lado deles, prevaleceriam sobre qualquer dificuldade.

Então, por que foi tão difícil fazer aquilo? O que os impediu?

Isso acontece nas igrejas o tempo todo, e pode acontecer nos negócios também. Há um objetivo claro. O topo da montanha está visível, estamos a caminho dele. A promessa diz que chegaremos lá. Ninguém está nos impedindo.

... exceto aquela pessoa, ou normalmente mais de uma, que está sentada ao nosso lado. Ou, talvez, nós mesmos.

Por que o inimigo deveria se esforçar para reunir forças exteriores contra você quando é tão fácil mexer com as dúvidas interiores? Os doze espias foram escolhidos das doze tribos de Israel, representando cada uma. No entanto, eles prejudicaram o plano, pois acabaram sendo mais inimigos do plano de Deus do que os gigantes. Eles fizeram o povo sair da visão de Moisés e dos outros líderes de adquirir a terra da promessa.

O que Deus fez? Ele cuidou do problema – por uma geração pelo menos – deixando-os seguros, como queriam. "Estar seguro" significou que teriam que permanecer vagando pelo deserto por mais quarenta anos até que aquela geração inteira morresse e uma nova geração crescesse e os substituísse.

O plano de Deus ainda se cumpriria, mas com participantes diferentes. Deus manteria viva a visão, mas não os deixaria cumpri-la, e sim seus filhos e filhas, depois que o povo do Êxodo original tivesse morrido.

REVISÃO

Não Abandone Seu Sonho

- O segredo para descobrir nosso destino é encontrar algo que gostamos tanto de fazer que faríamos até de graça.

- Não faça apenas o que seu trabalho pede. Faça o que é devido *e algo mais*.

- Se uma oportunidade aparecer em seu caminho e Deus abrir a porta, levante-se, dê um passo, entre por aquela porta, pois Deus irá com você.

- Não saia da visão.

Capítulo 9

CONTINUE SUBINDO

O almirante Joe Fowler fez parte na Marinha norte-americana durante a Primeira Guerra Mundial e a Segunda. Ele era um arquiteto naval e, durante a Segunda Guerra, foi encarregado da construção de navios da Costa Oeste. Entre seus notáveis feitos, ele foi o idealizador dos dois maiores porta-aviões da época, o USS *Lexington* e o USS *Saratoga*. Missão cumprida. Ele se aposentou da marinha depois da guerra, em 1948, com 54 anos de idade.

Pouco tempo depois, Walt Disney procurou por ele. Disney tinha o sonho de construir um enorme parque temático na Califórnia, e pensou que se Fowler pudesse ajudá-lo com o que havia aprendido na marinha, ele teria alguém para gerenciar o planejamento e a construção do parque, o qual ele gostaria de chamar de Disneyland. Fowler aceitou o desafio e o trabalho. Além de encabeçar o processo de criação e de construção, ele também gerenciou as operações do parque durante anos após sua abertura em 1955.

Uma década depois, Disney tinha um novo sonho – construir um parque temático similar no outro lado do país, na Flórida. Ele queria chamá-lo de Walt Disney World, e convenceu seu amigo Joe Fowler a ser o encarregado de desenhar e construir esse também. O projeto da Flórida possuía mais desafios, um dos quais era construir o parque em meio a milhares de acres de pantanal. Naquela época, Fowler tinha 71 anos, e a maioria das pessoas estaria pegando leve. Mas ele aceitou o desafio novamente. Quando o terminou, Fowler estava com 77 anos.[1] E, então, aposentou-se.

Entretanto, quando ele estava com 87 anos, seu amigo Disney pediu-lhe que o ajudasse com a criação do novo parque Epcot ao lado do Walt Disney World. Com 87 anos? Bem, tiveram mais trabalho em convencê-lo dessa vez. Ele pegou um avião até o local, e mostraram a ele sua nova missão. Ninguém havia visto algo parecido antes, e queriam que ele o construísse. Seus olhos brilharam e ele disse sim mais uma vez.

Naquela época, alguém o entrevistou e perguntou: "Por que razão um senhor de oitenta e sete anos assumiria um projeto tão grande como esse?"

A resposta dele foi: "Ninguém precisar morrer a não ser que queria." Ele completou o projeto Epcot com tempo de sobra, finalmente entregando seu desenho em 1993, aos noventa e nove anos de idade. Considerando Joe Fowler, enquanto tivesse um propósito e uma missão, ele não tinha limites. Ele era famoso por dizer, em resposta às exigências de Disney: "Posso fazer!"[2]

Quebrando as Limitações de Pensamento

Sem dúvidas, Joe Fowler não se afligia com o que eu chamo de "limitação de pensamento". Ele era confiante, humilde, e motivado, tudo ao mesmo tempo, e como resultado, conquistou grandes coisas em sua vida, mais do que muitas pessoas comuns.

Para conquistar objetivos bem menores, muitos de nós, entretanto, parecem ter que quebrar muitas limitações de pensamento, principalmente se for sob as condições de Deus e para Seus propósitos. Na maioria das vezes, as limitações estão na mente, no espírito e, às vezes, no corpo. A fim de cumprir a visão que Deus dá para nossas vidas, temos que romper com antigas formas de pensar e de agir. Como nos tornamos espiritualmente e fisicamente tem muito a ver com nossa mente.

Montanhas São para Serem Escaladas

Nos Alpes Suíços, há uma pequena montanha de acampamento diurno para alpinistas iniciantes. Muitas empresas vão até lá e levam seus funcionários para um passeio. Eles fazem o seguinte: começam o dia bem cedo, arrumam os equipamentos, e depois escalam até a metade da montanha. Quando chegam ali, existe um local que chamam de "a casa da metade do caminho". Chegam lá por volta de meio-dia. Retiram os equipamentos, fazem uma refeição quentinha, e reúnem-se em frente a uma bela lareira. É um lindo lugar.

A fim de cumprir a visão que Deus dá para nossas vidas, temos que romper com antigas formas de pensar e de agir.

Os patrocinadores do passeio dizem que todas as vezes, sem exceção, quando a hora do almoço termina e é hora de colocar os equipamentos novamente, metade das pessoas vão embora. A metade se contenta em permanecer e não completar a jornada. Satisfazem-se em chegar apenas até o meio do caminho.

Então, eles ficam na casa e jogam jogos e cantam em volta do piano. Sentam-se perto do fogo e curtem o momento. Depois, por volta das quatro da tarde, todos ouvem um sino tocar do lado de fora. Caminham até as janelas que dão para a montanha. Então, veem seus amigos no topo dela! Os funcionários da casa dizem que a atmosfera de festa de repente se

139

transforma numa de funeral, pois aqueles que haviam escolhido ficar percebem que seus amigos, que quiseram continuar, estavam tendo uma experiência para a vida toda, enquanto eles haviam ficado para trás, complacentes e acomodados. Naquele momento, desejam poder estar celebrando no topo da montanha também, mas já é tarde demais.

Essa é uma ilustração de como nossas vidas podem ser. Muitas vezes, parece ser mais fácil acomodar-se. Por que se incomodar em continuar a ter fé de que vamos possuir a montanha e que ainda conseguiremos escalá-la? Por que não desistir apenas? Por que não voltar para o vale, onde a vida é mais fácil? É uma tarefa difícil ser um alpinista. É muito mais simples "amarelar". Porém, é óbvio que nunca chegaremos ao topo se desistirmos.

Aqueles que desistem

Todos nós conhecemos alguns desistentes. Eles param de tentar, tendem a ser "vítimas" de algo ou de alguém, e se tornam amargos e deprimidos. É um atraso ficar perto deles, pois sempre desejam que as coisas fossem mais fáceis, não têm persistência, e querem se livrar das provas e dos treinamentos.

Quando as coisas ficam um pouco difíceis, eles desistem. Quando a adversidade dá as caras eles pulam fora. Desistentes também são aqueles que abandonam casamentos e carreiras. São aqueles que desistem de crer em Deus quando problemas inexplicáveis ocorrem.

Existem dois momentos em que ficamos mais vulneráveis a desistir. Um é quando sofremos uma grande derrota. E o outro, acredite ou não, é quando acabamos de ter uma grande vitória. O primeiro não é uma surpresa, e o segundo também não, pois, se pensarmos bem, podemos nos tornar facilmente complacentes após uma conquista. Isso acontece com organizações inteiras às vezes. Elas lançam grandes metas e as alcançam, e depois descansam sobre os resultados. Não têm mais fome, perdem a vantagem, se esquecem de como chegaram lá e até mesmo de Deus.

Paulo não foi um desistente. Ele nunca desistiu. Mesmo quando estava na prisão, ainda escalava sua montanha. Ele não minimizava as dificuldades, mas colocava-se contra elas. Ele disse: "Em tudo somos atribulados, mas não angustiados; perplexos, mas não desanimados. Perseguidos, mas não desamparados; abatidos, mas não destruídos; Trazendo sempre por toda a parte a mortificação do Senhor Jesus no nosso corpo, para que a vida de Jesus se manifeste também nos nossos corpos" (2 Coríntios 4:8-10).

A vida de Jesus enfrentou muito sofrimento e isso nunca O parou. Veja o que Ele fez, especialmente quando subiu o Monte do Calvário. Ele definitivamente não era um desistente. Nós devemos imitá-Lo: "tendo os olhos fitos em Jesus, autor e consumador da nossa fé. Ele, pela alegria que lhe fora proposta, suportou a cruz, desprezando a vergonha, e assentou-se à direita do trono de Deus" (Hebreus 12:2).

Aqueles que acampam

Você já deve saber aonde quero chegar. Estamos falando sobre escalar montanhas e romper com as limitações de pensamento, e acabamos de falar sobre os que desistem, aqueles que mal começam.

Existem dois momentos em que ficamos mais vulneráveis a desistir. Um é quando sofremos uma grande derrota. E o outro é quando acabamos de ter uma grande vitória.

Agora, falaremos daqueles que acampam, aqueles que escalam por um tempo e depois decidem contentar-se em chegar à metade do caminho. Decidem acampar e curtir a vista. Eles deixam os verdadeiros alpinistas continuarem e parecem não se lembrar de que também eram alpinistas.

Eles vão longe, mas não até o fim. Alcançam alguns aspectos de seu objetivo, e então se satisfazem. A atitude deles é "Bem, aqui está bom, melhor do que a maioria das pessoas. Está confortável. Acho que vou montar minha barraca e ficar por aqui." Eles se cansam da escalada sem fim.

Aqueles que acampam participam do clube da metade do caminho. Eles não são como aqueles que desistem totalmente, mas também não chegam ao topo. Preferem se reunir com os outros e queimar marshmallows na fogueira, enquanto relembram as aventuras de quando eram alpinistas.

Eles não desafiam uns aos outros, pois gostam de ter suas companhias e não querem motivar ninguém a deixar o acampamento. Como um grupo, perdem a vantagem. Começam a ver o acampamento como seu endereço permanente. Ter conseguido sucesso parcial parece ser suficiente para eles. São um exemplo do ditado "O *bom* é inimigo do *melhor*."

Aqueles que escalam

Deus quer que sejamos alpinistas. Assim como mostrou a montanha a Calebe, Ele nos dá um sonho e deseja que o alcancemos.

Para ser como aqueles que escalam, precisamos ser dedicados. Temos que suportar o desconforto e o cansaço. Podemos até chegar a um local onde poderíamos montar a barraca e acampar, mas devemos resistir à tentação. Alpinistas adotam a mentalidade de que acampamentos não são locais permanentes. Para eles, o que conquistaram até ali é um trampolim para o futuro, e não um endereço final. Da mesma forma, veem suas redes como trampolins, e não como algo para relaxar.

A montanha que você está escalando pode parecer intransponível. Agora, durante a subida, o topo não é possível ser visto. Talvez seja uma montanha de dívidas, de problemas conjugais, ou de enfermidade. Seria um bom momento para desistir ou acampar.

Mas, se você é um alpinista, continue colocando um pé na frente do outro. Pegue seus mantimentos e mantenha sua meta principal em mente. "Estou subindo essa montanha porque irei conquistá-la. Irei chegar ao topo."

Alpinistas são as pessoas que veem obstáculos como oportunidades. São aqueles que veem o copo meio-cheio enquanto os outros o veem meio-vazio. São aqueles que sabem que uma curva na estrada não é o fim dela. São pessoas que, apesar dos infortúnios e da desvatagem, dor ou conquistas passadas, permanecem subindo até alcançarem o topo. Podem até ficar doloridos e machucados, mas suportam. Fazendo uma analogia boba, alpinistas são com a *Mona Lisa* – ela permanece sorrindo mesmo quando suas costas estão contra a parede.

Eventualmente, você conseguirá. Mas sabia que o momento mais perigoso para um alpinista não é quando ainda está subindo? O momento mais perigoso é quando está descendo. Isso me diz que temos que manter nossa mentalidade da escalada mesmo após conquistar nossa meta. Precisamos do mesmo nível de concentração e determinação. Precisamos nos focar, e não nos tornar complacentes somente porque alcançamos o que nos propusemos a fazer. Depois que a subida terminar, ainda não é tempo de acampar ou desistir.

Se você é um alpinista, você ouvirá Deus durante a subida e a descida. Ele estará com você. Jesus literalmente subia montanhas e, muitas vezes, acompanhado por seus discípulos e seus seguidores. Como O acompanhavam, Ele ensinava-lhes muitas coisas. (Ver Mateus 5:1-2)

Os discípulos e as pessoas que subiam com Jesus aprenderam coisas que as pessoas que ficaram lá embaixo não aprenderam. O Filho de Deus compartilhou coisas com eles porque O acompanhavam ao subir as montanhas.

Existe uma diferença entre envelhecer no
Senhor e crescer Nele.

Eles não desistiam nem se tornavam complacentes na primeira parada. Não somente faziam progresso físico na subida, mas escalavam montanhas mentais e espirituais também. Se quisermos ser como eles, devemos *levantar* e continuar em frente. Temos que *sair* do nosso vale do Egito e continuar subindo até alcançar o topo da nossa montanha.

Temos que crescer no Senhor. Existe uma diferença entre envelhecer no Senhor e crescer Nele. Muitas pessoas dizem "Eu vou à igreja." Bem, tenho certeza de que Deus fica impressionado, mas sua vida pode não estar numa expedição de subir a montanha. Talvez você esteja apenas perdendo tempo em vez de caminhar de vitótia em vitótia, "de glória em glória" (2 Co 3:18).

Não envelhecemos até que nossos arrependimentos substituem nossos sonhos. Isso nunca aconteceu com Calebe. Ele nunca olhou para trás com arrependimento. Nem Paulo. Sua missão de vida era uma montanha totalmente diferente da de Calebe, e sua atitude foi a seguinte: "uma coisa faço: esquecendo-me das coisas que ficaram para trás e avançando para as que estão adiante, prossigo para o alvo, a fim de ganhar o prêmio do chamado celestial de Deus em Cristo Jesus." (Filipenses 3:13-14)

O arrependimento olha para trás. A preocupação olha em volta. A visão olha para cima. A visão vê o topo da montanha mesmo quando as nuvens o escondem. Suportar a subida agora significa alegria depois. Romper as limitações e as barreiras agora significa vitória depois.

Deus nos ajudará a subir. Ele subirá conosco, e nos dará a mão todos os dias. Ele nos ajudará a romper a limitação de pensamento, e nos ajudará a escalar a montanha. Quando o senhor Edmund Hillary chegou ao topo do Monte Everest, ele disse: "Não conquistamos a montanha, mas a nós mesmos."

REVISÃO

Continue Subindo

- Deus não tem limites. Mas nós temos – ou *pensamos* ter. Ele nos ajudará a romper a limitação de pensamento. Todas as coisas são possíveis com Ele!

- Você precisa prosseguir, manter seu sonho vivo, não apenas destruindo medos, enganos, mentiras do inimigo, e os maus conselhos, mas também aprendendo a ignorar a voz que diz para você ir devagar.

- Deus quer que você seja um *alpinista*, e não aquele que desiste ou acampa.

- O arrependimento olha para trás. A preocupação olha em volta. A visão olha para cima. A visão vê o topo da montanha mesmo quando as nuvens o escondem. Suportar a subida agora significa alegria depois.

Capítulo 10

Nunca Duvide de Sua Visão

O que você faz quando seu mundo não se parece com sua palavra? E quando você tem uma palavra de Deus sobre sua vida, mas sua situação presente não se parece com o sonho que Deus lhe deu?

O Senhor disse a Abraão: "Você tem segurança. Você tem sucesso. Você tem servos. Você tem riqueza. Você tem tudo. Mas eu quero que você deixe isso para trás." Hebreus 11:8 diz o seguinte: "Pela fé Abraão, quando chamado, obedeceu e dirigiu-se a um lugar que mais tarde receberia como herança, embora não soubesse para onde estava indo." Ele sabia onde estava, mas não sabia aonde estava indo.

Em Gênesis 22, era o oposto. Agora ele sabia aonde estava indo, mas não sabia onde estava. Aquele homem de fé estava confuso! O dilema havia quebrado seu compasso, e ele não sabia onde estava. Ele não entendia nada do que Deus estava fazendo. O que passava por sua mente era "Deus, onde estás? Estou perdido. Estou confuso. Tudo que sei é que ouvi uma voz que dizia 'Vá', mas não sei onde estou agora. Sei que o Senhor me fez uma promessa, mas meu presente não se parece nem um pouco com o que foi revelado ao meu espírito." Ele estava a três dias de "um lugar". Era um lugar o qual eu chamo de "a três dias do desconhecido".

"Depois Destas Coisas..."

O capítulo 22 começa dizendo "Depois destas coisas..." (ACF). Depois de que coisas? Creio que Abraão pensava que as piores provas de sua fé estavam no passado. Creio que ele pensava finalmente ter chegado, pois agora tinha Isaque, sua semente prometida. Ele tinha a promessa.

As provas de seu passado incluíam o trauma de ter deixado Ur dos Caldeus e tudo o que tinha. Então ele disse a sua esposa: "Sara, reúna todos. Carregue o carro. Estamos partindo."

"Aonde estamos indo?"

"Eu não sei. Deus acabou de dizer que estamos indo, e Ele me dirá quando chegarmos lá." Isso é um trauma! É uma caminhada de fé. Com certeza, diziam pelas suas costas: "Ele é louco! Ele perdeu o juízo".

E isso não foi tudo. Mais tarde, veio o trauma de se separar de Ló, seu parente. Depois, o trauma de Sodoma e Gomorra. E, para piorar, ele viu seu outro filho, Ismael, desaparecer num deserto, e se questionava por que nunca mais veria seu garoto novamente.

Como se isso não fosse suficiente, sua esposa Sara foi sequestrada e levada ao harém de um rei pagão que iria estrupá-la se tivesse oportunidade. Que trauma. Que prova. Como ele teve que confiar em Deus! Como ele teve que crer em Deus em cada etapa por que passou!

Essa é a prova da sua vida e, se você persistir, ela pode se tornar a bênção da sua vida.

Às vezes pensamos que nossas maiores provas estão no passado. Se Deus for apresentar maiores revelações de quem Ele é e grandes dimensões de seu poder, será "depois destas coisas".

Quando pensamos que já passamos por tudo, vimos tudo, e lutamos contra todo demônio que o inferno poderia enviar, ela chega – a provação da nossa vida!

"Depois destas coisas", Deus disse a Abraão, "deixe o lugar onde você está e saia para uma jornada de três dias, e então Eu lhe direi o que fazer."

Ele levou seu filho, Isaque, àquele monte. *Isaque* significa "risada" em hebraico, pois sua mãe riu da ideia de concebê-lo. Ela tinha noventa e nove anos quando Deus lhe disse "Você terá um filho", e ela riu. Deus fez com que ela soubesse que a última risada seria por conta dela. "Eu lhe darei Isaque, e você o chamará de 'risada'".

O que Deus queria dizer a Abraão era: "Apesar de você ter cento e vinte anos, não relaxe! Sei que você acha que suas grandes provas estão no passado, mas não acabei com você. E você saberá disso, pois lhe darei algo poderoso no futuro. Você saberá disso porque Eu tenho que enviá-lo a uma temporada de provas, em que você se sentirá confuso e perdido... um tempo em que você estará "a três dias do desconhecido".

A Três Dias Do Desconhecido

"Abraão, talvez você não saiba onde estou nem o que está acontecendo. Isso é um sinal de que estou prestes a confiar a você minha maior bênção! Então dê sua último risada. Leve Isaque, 'risada', coloque-o num altar, e mate-o!"

Às vezes, quando estamos "a três dias do desconhecido", entramos numa batalha mental. Ficamos confusos. Não sabemos onde Deus está. Não sabemos onde estamos. Não sabemos aonde estamos indo, mas isso não parece com o lugar onde deveríamos estar nesse momento da vida. Nessa fase, pensamos que deveríamos estar mais adiante, mas, ao invés disso, estamos "a três dias do desconhecido"!

Todo mundo tem a provação da sua vida. As outras provações são apenas intensificadoras da fé a fim de fortalecer nosso sistema imunológico. Então, depois vem a grande prova.

Às vezes, quando estamos "a três dias do desconhecido", entramos numa batalha mental.

Mas é a grande prova da nossa vida que nos leva à experiência da nossa vida. A Bíblia diz três vezes que Abraão levantou seus olhos. Em Gênesis 18:2, ele levantou seus olhos e viu três homens à porta de sua tenda. Um deles era Deus, e ele Lhe deu uma refeição. Então, Deus começou a fazer promessas, dizendo "como a areia das praias do mar" assim será sua descendência. (Gn 22:17)

Então, o primeiro nível, quando ele levantou os olhos, é o recebimento da promessa.

Porém, as escrituras dizem novamente em Gênesis 22:4: "Abraão olhou e viu o lugar ao longe." Agora, era além de apenas receber a promessa. Na verdade, começamos a pisar no destino que Deus tem para nós. Entretanto, existe outro nível ao qual chegamos, e está em Gênesis 22:13: "Abraão ergueu os olhos e viu um carneiro..."

Somente chegamos a esse nível de bênção quando passamos pelos "três dias do desconhecido". Quando passamos pela prova da nossa vida, parece que tudo se foi, que estamos perdidos, que Deus não está conosco, que de alguma forma colocamos tudo a perder, que o inimigo nos engole com auto-condenação, e sentimos que estamos derrotados.

A verdade é que Deus tem que trazer todos os homens e mulheres para quem Ele tem um destino a um lugar chamado "a três dias do desconhecido". É onde dizemos "Sei aonde estou indo, mas não entendo onde estou agora. Não tenho ideia do que está acontecendo. Isso não é o que o Senhor me mostrou."

A Bíblia diz que Deus provou que é Jeová Jiré naquele lugar (Gn 22:14). Abraão não O chamou de Jeová Jiré quando chegou ao topo da montanha e viu a provisão, mas quando ainda estava no pé da montanha no momento em que seu filho perguntou "Pai, onde está o cordeiro?" Abraão disse: "Deus irá prover o cordeiro." (Ver Gn 22:7-8).

Qualquer um é capaz de chamá-Lo de Jeová Jiré quando chega ao topo do problema, mas quando não sabe para onde ir, o que fazer, e nem por que o exame mostrou aquele resultado ou por que o cônjuge o deixou... é exatamente quando sabemos que estamos "a três dias do desconhecido".

Quando você não entende por que está endividado, mesmo quando sempre dá o dízimo, você está a três dias do desconhecido. Você nunca pensou que estaria aqui nessa fase. A essa altura da vida, você nunca sonharia em ser uma viúva e estar sozinha em sua velhice. Mas o Senhor me mandou lhe dizer que você não precisa esperar chegar ao topo da montanha para chamá-Lo de Jeová Jiré. Abraão o chamou assim quando ainda estava a três dias do lugar desconhecido!

Se você está a três dias do lugar desconhecido, Deus quer que você saiba que Ele está contigo. Talvez você não saiba aonde está indo, mas sabe quem está indo com você. E se Ele está contigo, não importa pelo que você está passando!

Você não precisa esperar chegar ao topo da montanha para chamá-Lo de Jeová Jiré.

Eu estava com um casal da nossa igreja quando o filho deles de quatro anos de idade morreu em seus braços. Nunca esquecerei de vê-los segurando aquele corpo tão pequeno sem vida, e chorando aos prantos.

É apenas uma questão de tempo até que enfrentemos uma árdua prova em que nos encontramos "a três dias do desconhecido". Não temos respostas, clichês, ou frases de efeito que possam nos salvar. Ficamos confusos, aturdidos, e nos sentimos um pouco feridos por Deus.

Permita-me lhe dar um pequeno conselho pastoral. É melhor que o maior espaço do cérebro seja reservado para as coisas que você não entende. Se você tem que compreender tudo antes de confiar em Deus e servi-lo, é porque não alcançou o conceito de fé!

O Senhor não nos dá explicações. Ele disse: "No monte do Senhor se proverá" (Gn 22:14). Você entendeu isso? "Se proverá." Deus nos leva a um lugar onde vemos as coisas através dos olhos do Cordeiro.

Ouvi alguém dizer que quando estivermos na vontade de Deus, tudo será bom, e nunca haverá tempestades. Que piada! Jesus disse aos discípulos para irem ao outro lado do rio. Eles entraram no barco, foram em direção aonde Ele havia ordenado, e estavam em Sua perfeita vontade. De repente, chega uma grande tempestade.

Tome cuidado com como você fala das pessoas. Não pressuponha que elas não estão com Deus ou que não estão de acordo com a vontade Dele. É possível estar no centro da vontade de Deus e estar passando por uma tempestade. Elas podem estar numa tempestade perfeita, enquanto o inferno se enfurece em volta delas. Porém, preste atenção, se você passar por uma tempestade na vontade de Deus, levante os olhos. Não demorará muito até que alguém venha andando sobre as águas para resgatá-lo.

Lembra-se do momento em que Abraão levantou sua faca? Deus disse: "Agora Eu sei. Agora Eu sei. Pare, Abraão. Agora Eu sei. Eu tive que colocá-lo na prova da sua vida para lhe dar a grande revelação do que 'o Cordeiro' é."

Não podemos sair de onde estamos para o lugar aonde Deus está tentando noo levar sem passar por períodos de não entendimento. Talvez você pergunte a si mesmo "Onde estou? Por que isso está acontecendo? Onde está Deus quando eu estou ferido? O que está acontecendo? Por que coisas ruins acontecem com pessoas boas?"

Já estive a três dias do desconhecido várias vezes em meu ministério. Quando eu pensava já ter visto de tudo, Deus me levava a um lugar chamado "a três dias do desconhecido".

Lembro-me de uma ocasião que se destacou dentre todas para mim. Havíamos acabado de finalizar, naquela época, o novo santuário, e havia muita pressão sobre minha esposa e eu. Éramos muito jovens quando assumimos a Free Chapel. Ela tinha dezoito anos quando nos casamos, e eu tentava muito fazer com que ela se tornasse o como eu achava que esposa de um pastor deveria ser. Eu não sabia que Deus tinha um plano especial para ela e que ela poderia ser quem realmente era. Ela não tinha que ser o que eu achava que uma esposa de pastor deveria ser.

Meus esforços para mudá-la causaram grandes problemas em nosso casamento naqueles primeiros anos. Eu queria que ela sentasse nos primeiros bancos da igreja, que ela fizesse coisas que ela não queria fazer. Por causa disso, começamos a desenvolver conflitos em nosso relacionamento. Logo depois, nossas primeiras duas filhas nasceram.

Lembro-me de um sábado em particular. Parecia que havíamos acabado de destruir nosso relacionamento. Naquela noite praticamente dissemos um ao outro "Ainda amo você, mas já não estou apaixonado(a)." Nós dois havíamos cultivado coisas em nossos corações. Eu pensei: "Sou um hipócrita. Não posso mais ir pregar. Não posso mais subir naquele púlpito."

Chamamos nossos familiares e pedimos que eles viessem a nossa casa para nos ajudar com aquela situação.

Pedi para que o pastor assistente pregasse no domingo, mas não lhe contei as razões porque, você sabe, quando estamos no ministério, não se pode fazer o que estou fazendo agora. Não é permitido dizer a ninguém que você não é um superhomem! Não podemos dizer que também nos magoamos.

Nunca esquecerei o dia em que Pat, minha sogra, veio. Estávamos no quarto lá em cima. Cherise disse "Estou voltando para casa, mãe. Vou voltar para casa."

Pat disse: "Você não vai para minha casa! Você jurou 'na alegria e na tristeza'. Esse é o seu lar. Esse é o seu casamento. Aquelas crianças terão um pai e uma mãe, e vocês dois irão fazer isso funcionar agora, mesmo se tivermos ficar aqui jejuando e orando até virarmos um bando de esqueletos. Vamos fazer isso dar certo!"

Estávamos a três dias do desconhecido! Fico feliz que não desistimos, que não abandonamos tudo. Estávamos confusos, magoados, e com o coração partido, mas enfrentamos. Conseguimos consertar aquela situação.

Alguns anos depois, "depois destes dias", uma grande prova veio sobre nossa igreja. Como um inexperiente jovem pastor, cometi grandes erros. Meu coração estava voltado para Deus, mas às vezes sou apenas humano, e tomo más decisões!

Comecei a receber cartas anônimas. Eu odeio cartas anônimas até hoje. Porém, durante aquele período, eu as recebia diariamente, dizendo:

"Você perdeu", "Deus retirou a unção Dele sobre você", "Deus desistiu de você", "Seu ministério irá acabar", "Deus já retirou o Espírito Santo daquele lugar".

Isso continuou por quase um ano. Assisti a nossos maiores dizimistas irem embora, enquanto os demônios sussurravam em meu ouvido "Eu te disse. Avisei que você era um derrotado." Durante aquele tempo todo, enquanto eu escalava aquela montanha, outros dizimistas estavam subindo pelo outro lado dela em grande quantidade. Mas não sabemos disso quando estamos a três dias do desconhecido!

Lembro-me muito bem de um dia em particular. Nunca me esquecerei enquanto eu viver. Eu estava tendo um daqueles dias. Coloquei as mãos no rosto sentado à mesa do meu escritório, desabei e comecei a chorar. Minha secretária naquela época era Susan Page. Ela tem sido como uma segunda mãe para Cherise e eu. Ela entrou na minha sala e disse "Ah, Pastor." Foi tudo o que saiu de sua boca. E então ela começou a orar no Espírito Santo, e colocou as mãos sobre mim orando "Ah, Pastor".

Eu estava a três dias do desconhecido. O ministério estava a três dias do desconhecido. Os demônios diziam: "Vá embora. Desista. Deus desistiu de você." Algum leitor deste livro está a três dias do desconhecido em seu casamento ou em seu sonho – e parece que Deus o trouxe a um lugar de confusão, pois não entende o que está acontecendo, e tem clamado ao Senhor.

É quase como, quando eu estava escrevendo este livro, ouvi em oração o autor do Livro de Apocalipse dizer "Havia vozes clamando debaixo do altar: 'Por quanto tempo, Senhor? Por quanto tempo?'" Ouvi aquelas vozes no meu Espírito. Enquanto eu estava orando, ouvia pessoas clamando "Por quanto tempo, Senhor?" Vim dizer-lhe que você não está fora da vontade de Deus. Você está a três dias do desconhecido. Essa é a prova da sua vida, e se você persistir, ela se tornará a bênção da sua vida. Você verá o Cordeiro em toda Sua glória.

Talvez você esteja passando por um divórcio. Talvez esteja passando por um período obscuro – não entende por que sua realidade não se parece com a que Deus lhe deu. Você está a três dias do desconhecido.

Você sabe como Abraão chamou a prova da vida dele? Ele disse: "Eu vou à montanha para adorar." Ele transformou a pior prova de sua vida numa adoração.

Todo sonho verdadeiro dado por Deus passará pelo mesmo período de confusão, assim como o sonho de Abraão. Você acordará um dia e se encontrará a três dias do desconhecido. Mas, lembre-se, na sexta-feira Jesus foi crucificado. Três dias depois, Ele ressuscitou. Talvez você se sinta confuso, desencorajado, e derrotado. Você está apenas a três dias do desconhecido. Hoje é sexta, mas o domingo está chegando!

Ainda que sua promessa seja adiada, lembre-se de que a assinatura Dele está no cheque!

Espere! Seu dia ainda está marcado no calendário de Deus. "Estou convencido de que aquele que começou a boa obra em vocês, vai completá--la até o dia de Cristo Jesus." (Filipenses 1:6)

Deus trabalha nos dois lados da linha do tempo. Ele nos prepara para "aquilo" (mesmo quando não sabemos o que aquilo é) e prepara "aquilo" para nós. Ainda que sua promessa seja adiada, lembre-se de que a assinatura Dele está no cheque! Sair de onde você está para o lugar aonde quer chegar, é necessário querer passar pelo meio. Você tem perguntado ao Senhor por quanto tempo sua paixão e seu sonho estarão "lá" enquanto seu lugar está "aqui"? Você tem se perguntado por quanto tempo o Senhor ficará lhe mostrando aonde você vai chegar enquanto você permanece no lugar de confusão em que está? Lembre-se: antes de Ele abrir novas portas e novas oportunidades que dão luz a novos sonhos, você passará por um lugar chamado "a três dias do desconhecido". Quando estiver lá, não duvide da sua visão.

Nunca Duvide da Sua Visão

A razão pela qual chamei esse capítulo de "Nunca duvide da Sua Visão" é que sei que Deus sempre irá apoiar os sonhos e visões que Ele coloca nos corações das pessoas. Nunca devemos duvidar da nossa visão, senão estaremos duvidando do nosso Deus.

Não importa o quanto demorar para vermos nosso sonho se realizar. Não importa se nossa visão é grande ou pequena. Se Deus está nela ou se foi Ele que a inspirou, Ele a acompanhará até ser cumprida.

E daí se eles não acreditam?

E daí se "eles" disserem que não vai acontecer? E daí se as pessoas rirem ou zombarem do sonho que Deus lhe deu? Zombaram de Noé quando ele começou a construir a arca em meio à aridez, mas foi ele quem riu por último.

O simples fato é esse: Seu Deus é uma rocha. Ele não falhará. Nem mesmo se esquecerá de alguma etapa.

Para que seu sonho se cumpra, não é preciso que as outras pessoas acreditem em você. É o seu sonho. Deus o deu a *você*, não a elas. Elas não tem que acreditar. Não depende delas. Não são elas que estão carregando o sonho dentro de si. Você é o transportador do sonho, e o que Deus planeja fazer não depende da afirmação das pessoas a sua volta. Paulo disse: "Pois quê? Se alguns foram incrédulos, a sua incredulidade aniquilará a fidelidade de Deus? De maneira nenhuma; sempre seja Deus verdadeiro, e todo o homem mentiroso; como está escrito" (Romanos 3:3-4, ACF).

Paulo sabia o que estava falando, pois quando foi derrubado de seu cavalo no caminho para Damasco, as pessoas tiveram muita dificuldade de acreditar que Paulo (Saulo de Tarso, que havia perseguido a igreja sem misericórdia) tinha se tornado um cristão, muito menos que Deus tinha o plano de usá-lo. Naturalmente, elas pensaram que aquilo era uma farsa. (Ver Atos 9:26).

Mas isso não importava para Paulo. Ele continuou firme em sua visão e no Senhor que a havia dado. Ele enfrentou todas as oposições tranquilamente. Ele provavelmente já as esperava. Ele é um modelo para nós no que eu chamo de fé do "ficar sozinho", o tipo de fé que segue em frente, mesmo diante da incredulidade e do antagonismo.

Quando todas as vozes a nossa volta nos dizem que não podemos cumprir o sonho que Deus nos deu e que isso não acontecerá, Ele nos dá esse tipo de fé. Ele quer que sejamos aptos a dizer "E daí se não acreditam? Não podem cancelar o que Deus colocou em mim."

Quando temos um sonho de verdade, podem nos jogar num poço, e, ainda assim, o sonho se realizará! Lembra-se de José? Quando temos um sonho verdadeiro, podem mentir sobre nós e difamar nosso bom nome. Podem nos acusar de crimes que não cometemos. Foi o que aconteceu quando a mulher de Potifar acusou José de estrupá-la. Porém, mesmo se nos lançarem na prisão, nosso sonho não estará trancado. Mesmo se nos negligenciarem para uma promoção ou nos ignorarem como se nunca tivessem ouvido falar de nós, Deus fará nosso sonho se cumprir. Então, e daí se não acreditarem?

Se temos um sonho de Deus, não morreremos diante da oposição. E daí se ninguém nunca fez o que o seu sonho quer fazer? E daí se mesmo as pessoas mais qualificadas e talentosas tentaram e não conseguiram fazer o que você crê que Deus lhe ungiu para fazer? E daí se o médico nunca viu alguém se recuperar do que você tem? E daí? Deixe que Deus seja verdadeiro e todo homem seja um mentiroso!

Como ter certeza?

Tudo o que eu disse antes se aplica a você apenas se seu sonho está de acordo com o plano de Deus para sua vida. Como ter certeza disso?

Se o sonho não for de Deus, Ele não tem o dever de apoiá-lo. *Você precisa identificar a origem do seu sonho.* Nem todos os sonhos são sonhos de Deus.

Muitas vezes, as pessoas dizem que têm um sonho, mas, na verdade, ele é de outra pessoa. Às vezes os pais não agem bem a respeito disso, pois querem reviver alguma parte de suas vidas através dos filhos. Então, cobram deles o que sempre quiseram fazer. Como não conseguiram, querem que seus filhos o façam. Isso faz com que pessoas passem a vida tentando agradar a mãe ou o pai. Tentam conquistar a aprovação deles mesmo depois de adultos. Finalmente, um dia, acordam e percebem que estão tentando viver o sonho de outra pessoa, tentanto suprir as expectativas de alguém. Talvez, aquele não tenha sido o sonho de Deus para os pais, e os filhos ficam ali, presos àquilo que também não é deles.

Você precisa identificar a origem do seu sonho. Nem todos os sonhos são sonhos de Deus.

Não importa quantos anos você tenha passado tentando buscar um sonho – se ele não for de Deus para *você*, não se incomode mais. Não permita que alguém coloque em seu coração um sonho que não tem a ver com você.

Outro tipo de sonho que devemos parar de carregar é aquele que é manchado com orgulho, inveja, raiva, ou rejeição. Você está tentando provar algo para alguém? Não faça isso. Está tentando fazer algo que mostre aos seus pais que você é tão bom quanto seu irmão? Está tentando colher elogios? Está tentando provar coisas a sua irmã, ao seu primo, ou ao seu ex-namorado/marido?

Você está tentando fazer algo para superar alguma rejeição? Peça ao Senhor que lhe ajude a ultrapassar isso. Peça a Ele para lhe dar um sonho verdadeiro vindo direto do céu, um sonho que Ele possa apoiar.

Faça um inventário.

Também temos que *determinar o recurso do nosso sonho.* Temos que fazer um inventário dos dons, talentos, e recursos que Deus nos tem dado a fim de ver se eles estão de acordo com o sonho que achamos ser Dele.

Faça isso honestamente. Não diga que você tem os talentos que gostaria de ter. Não minta para si mesmo.

Nossos recursos, dons, e talentos devem indicar qual é o sonho de Deus para nossa vida. Além disso, devem nos mostrar as coisas para as quais *não* temos dons a fim de evitar que saiamos por aí tentando fazê-las (e fracassemos).

Creio que quando Deus nos dá um sonho, Ele nos supre com tudo que precisamos para cumpri-lo. Talvez ele nos dê apenas o material bruto, deixando-nos responsáveis por transformá-lo em algo mais – como quando educamos nossa mente durante anos de escola – mas Ele já nos terá dado o básico.

Não teremos que implorar, pegar emprestado, ou roubar os recursos de outra pessoa a fim de realizar o sonho que Deus nos deu. Podemos descansar e confiar que Deus coletará seus próprios recursos no tempo oportuno e da forma correta. Não temos que fazer algo como Sara fez quando não conseguiu cumprir o sonho de ter um filho. Ela se precipitou. Enviou seu marido para que dormisse com sua serva, Hagar, pois não conseguia imaginar como Deus poderia fazê-la engravidar com aquela idade. Ela foi muito apressada em avaliar seus recursos com sua experiência limitada.

Não deseje ser outra pessoa. Na verdade, insultamos nosso Criador quando fazemos isso. Ele nos fez da maneira como queria que fôssemos. Não tente colocar a máscara de alguém. Deus diz: "Não usarei outra pessoa. Você terá que se esforçar!"

Ele nos fez para um propósito, e quer que caminhemos nele.

Deixe que o Senhor molde você assim como um oleiro molda o barro. Não diga que Ele errou. Não O insulte ao tentar comprar outro conjunto de dons. Apenas faça um inventário de seus recursos e passe tempo com Deus falando sobre eles. Talvez Ele lhe dê outros que estão escondidos e que você não conhece. Deixe que Ele seja o Senhor da sua vida.

REVISÃO

Nunca Duvide da Sua Visão

- Nunca duvide da sua visão. Se Deus a deu à você, mesmo que pareça estar longe, conte com a ajuda Dele para alcançá-la.

- Deixe que Deus ajuste sua visão, se for necessário. Ele geralmente precisa fazer algumas mudanças dentro de nós antes que estejamos prontos para buscar nossos sonhos.

- Esteja procurando sua próxima montanha. Deus quer lhe dar outra visão que será construída sobre ela.

- Não fique desencorajado se outras pessoas não concordarem com sua visão. Para que ela seja válida, não é necessário que todos concordem. Descubra se seu sonho realmente vem de Deus, e então siga-o com todo o seu coração.

Capítulo 11

VELHO DEMAIS?
NUNCA!

Quando você achar que já pode se aposentar, quando começar a pensar "Tenho sessenta e cinco anos, quero ficar em casa", não se surpreenda se Deus colocar um novo manto sobre você. Veja, Deus tem um plano para sua vida no *agora*. Quando você achar que já viveu seus anos dourados e tiver dito ao pessoal do curso de golfe que eles começarão a ver seu rosto sorridente mais vezes, não fique surpreso se uma nova carreira do reino bater à porta.

Sendo velho ou não, casado ou não, aposentado ou não, você precisa saber que o seu Deus tem um propósito e uma missão para você agora. Como posso ter certeza? Porque você ainda está aqui. Isso significa que Deus tem preservado você para *alguma coisa*.

Quando você achar que já viveu seus anos dourados, não fique surpreso se uma nova carreira do reino bater à porta.

Jacó era um homem velho quando seu filho José foi levado ao Egito. Aquele filho que havia sido seu sonho. Agora, Jacó pensava que seu sonho estava morto. Porém, em Gênesis 45, vemos que seu espírito foi revificado. José ainda estava vivo! Aquele velho homem teve seu sonho de volta em sua velhice.

Desde que tenhamos um propósito, continuaremos vivendo. Nunca ficamos velhos demais para Deus. Moisés tinha oitenta anos quando Deus lhe deu sua tarefa. Calebe tinha oitenta e cinco anos quando Deus lhe deu sua montanha.

Podemos dizer: "O resto dos meus anos serão os melhores da minha vida." Davi disse: "Ensina-nos a contar os nossos dias para que o nosso coração alcance sabedoria" (Salmos 90:12). Ele poderia ter dito "Ensina-nos a adicionar anos à nossa vida e vida aos seus anos." O caminho do justo segue cada vez mais brilhante, e não cada vez mais escuro. "A vereda do justo é como a luz da alvorada, que brilha cada vez mais até à plena claridade do dia" (Pv 4:18).

Pai Abraão

Se existe alguém que poderia aposentar-se com conforto, seria Abraão. Ele era um homem rico, tinha setenta e cinco anos, vivia num exuberante vale, e possuía vastos rebanhos de gado e ovelhas. De acordo com alguns comentários, ele tinha pelo menos mil servos. No entanto, Deus veio bater a sua porta. Gênesis 12:1-4 diz como Deus lhe disse para arrumar suas coisas e deixar sua terra e seus homens para iniciar um jornada – para algum lugar. Deus não disse onde. Ele prometeu criar uma nação a partir da descendência de Abraão. Mas espere um minuto – ele e sua esposa, Sara, nunca haviam tido filhos, e agora estavam velhos demais.

Tenho certeza de que Sara pensou que ele estava fora de si. "Querido, o que você quer dizer com deixar nossa terra? Você trabalhou a vida toda para fazer com que ela fosse o que é hoje. Esse lugar representa o trabalho da sua vida. Você tem setenta e cinco anos, e eu sessenta e cinco. Você quer dizer que passaremos a viver em tendas? Para onde vamos? Como assim você 'não sabe'?"

Abraão (que ainda era chamado de Abrão naquela época) disse apenas: "Eu não sei aonde vamos, só sei que Deus me chamou. Ele preparará nosso caminho. Temos que ir, pois devemos obedecer a Deus."

O Pai Abraão – que na verdade não era pai porque ainda não havia tido filhos, e às vezes penso que talvez seja por isso que ele levou seu sobrinho Ló quando partiu – não tinha ideia da importância da sua decisão. Qual era a missão de Deus para Abraão? Nada menos do que povoar todo o Oriente Médio! A missão e o propósito para os quais ele disse sim envolviam o estabelecimento dos judeus, o povo de Deus, em sua própria terra. Abraão se tornaria o pai de tantas gerações que ninguém seria capaz de contá-las. Como Deus disse depois, seus descendentes seriam "tão numerosos como as estrelas do céu e como a areia das praias do mar." (Ver Gênesis 22:17-18).

O que fez ele ir?

Por que um homem idoso como Abraão faria as malas e partiria para o deserto? O que o fez ir? Eu vejo quatro ou cinco dinâmicas em ação, e podemos aprender algumas coisas com elas – mesmo se não estivermos nem um pouco perto dos setenta e cinco anos de idade.

Observei o seguinte sobre Abraão. Ele possuía o seguinte em sua vida:

- Habilidade de ouvir Deus

- Habilidade de crer no que Deus disse

- Habilidade de renunciar à segurança por causa da missão de Deus

- Habilidade de permanecer focado na missão

- Habilidade de completar a missão.

Falamos sobre algumas dessas coisas nas primeiras partes deste livro, mas não sob essa perspectiva. Vamos ver o que podemos aprender.

Ele possuia a habilidade de ouvir Deus.

Lemos "O Senhor disse a Abraão..." *Como* o Senhor falou? Com voz audível? Talvez. Não poderia ter sido uma "palavra" da Bíblia como hoje em dia porque, obviamente, não havia bíblias naquele tempo. Não havia púlpitos. E parecia não haver nenhum profeta percorrendo o interior para o qual Deus pudesse ter dado uma palavra.

Tudo o que sabemos é que Abrão teve a habilidade de ouvir o que Deus disse. Isso quer dizer que ele tinha algum tipo de relacionamento com o Senhor. Ele reconhecia a voz do Senhor, pois já a havia escutado antes.

Como isso se aplica a você e a mim? Como ouvimos Sua voz? Mesmo com nossas bíblias e outras pessoas ao nosso redor que podem nos ajudar a ouvir Deus, o mesmo relacionamento básico com Ele é um pré-requisito. Nunca iremos ouvir Deus realmente até que tenhamos desenvolvido um relacionamento com Ele. Então, reconheceremos Sua voz. Quando Ele fala, mesmo sem palavras, soa como trovão em nosso espírito. Quando Deus fala, simplesmente *sabemos* que é Ele.

Se você disser "Bem, nunca aconteceu comigo", então busque um relacionamento mais profundo com Ele. O cristianismo não é religião. Não tem a ver com velas, estátuas, rituais, construções, e programas. Tem a ver com relacionamento, caminhar com o Senhor, como a letra do antigo hino: "Ele caminha comigo, e fala comigo, e me diz que sou Seu."[1]

Quando Ele fala, mesmo sem palavras, soa como trovão em nosso espírito.

Se você gastar tempo com a Palavra e começar a lê-la todos os dias, e se começar a orar e falar com o Senhor, sua habilidade de ouvi-Lo aumentará grandiosamente. É como funciona com as pessoas que amamos. Quanto mais tempo passarmos com elas, melhor as entenderemos. Passe tempo com Deus, Torne-se Seu amigo, e você reconhecerá Sua voz quando Ele falar contigo.

Você precisa prosseguir com seu relacionamento com Deus. Paulo disse "Não que eu já tenha obtido tudo isso ou tenha sido aperfeiçoado, mas prossigo para alcançá-lo, pois para isso também fui alcançado por Cristo Jesus" (Fp 3:12). Ele permanecia tentando "alcançar" o Senhor, tendo sido capturado pelo Seu amor.

Em outras palavras, Deus não nos salva e nos mostra Seu poder apenas para podermos entrar no céu. Ele quer que continuemos a segui-Lo aqui na Terra. Ele quer que O *busquemos*. É como se Ele tivesse saído correndo depois que dissemos sim no altar, e tivéssemos que sair correndo também para alcançá-Lo. É como quando éramos crianças e brincávamos de pique-pega. Deus veio e nos mostrou um pouco de nosso futuro propósito e missão, e depois foi embora. Ele deseja que nós O capturemos assim como fomos capturados. Não poderemos fazer isso se ficarmos sentados no banco da igreja sem fazer nada. Temos que levantar e clamar a Ele. Temos que desenvolver orelhas de Mickey Mouse para ouvi-Lo em nosso espírito mesmo quando não fizer sentido para as pessoas.

Quando Deus diz algo, *fará* sentido suficiente para você. Fez sentido para Abraão. Aos setenta e cinco anos, ele disse "Façam as malas. Um monte de pessoas depende de mim para receber salário, mas querem saber de uma coisa? Estamos de mudança, pois eu ouvi Deus!" (*Que* Deus? Aquelas pessoas não conheciam o "Deus de Abraão" ainda.) Abraão pegou tudo e se mudou. Engolindo sua objeções, todo os outros foram com ele.

Ele possuía a habilidade de acreditar no que Deus disse.

Uma coisa é *ouvir* Deus. Outra coisa é *acreditar* no que ouvimos Ele dizer. O Livro de Hebreus fala sobre a habilidade de crer de Abraão: "*Pela fé* Abraão, quando chamado, obedeceu e dirigiu-se a um lugar que mais tarde receberia como herança, embora não soubesse para onde estava indo" (Hebreus 11:8, ênfase do autor).

O Livro de Hebreus também nos diz que sem fé é impossível agradar e Ele (Hb 11:6). Abraão agradou a Deus com sua fé. Ele creu, pois sabia que o Senhor sempre está certo e que a mente Dele não faz as mesmas viagens que a nossa. Além disso, já sabia que não faria sentido questionar o que Deus havia dito, apesar do que sua mente (ou a mente de sua esposa) lhe estivesse dizendo.

É uma boa ideia ordenar que sua mente acredite na próxima coisa que Deus lhe disser. Diga a si mesmo: "Começarei a crer no que escuto. Não recuarei. Não hesitarei. Recuso-me a vacilar." Não gagueje nem espere por outro "sinal" ou outra profecia. Apenas creia no que você ouve Ele dizer.

Ele possuía a habilidade de renunciar à segurança por causa da missão de Deus.

Abraão estava estava tão seguro e confortável como um homem poderia ficar naquela época. Talvez ele estivesse mais seguro do que qualquer um de nós hoje. E, ainda assim, ele tinha a habilidade renunciar à sua bênção presente em favor da promessa futura.

Se você decidir entrar no propósito de Deus para sua vida, um tempo de renúncia divina deverá acontecer. Virá um tempo em que você terá que sair da segurança, do lugar que você sabe que é seguro, onde você poderia continuar feliz fazendo a mesma coisa pelo resto da sua vida. Quando ele chegar, você terá que crer que realmente ouviu Deus e que pode confiar Nele para o cumprimento da promessa.

Você terá que deixar seu vale em Ur, não importa quanto tempo tenha vivido lá, e partir pela fé. Poderá ter fé de que Deus sabe o que está fazendo porque Abraão partiu pela fé e muitos outros também.

Jesus fez isso primeiro quando deixou a glória celestial para viver na Terra. A missão do Pai para Sua vida envolvia deixar para trás a segurança do céu a fim de passar um tempo na Terra.

Pedro avançou com fé, quando ele e os outros discípulos estavam naquele barco e Jesus veio ao encontro deles, andando sobre as águas. Outros onze homens estavam ali, mas somente Pedro tirou vantagem da oportunidade e saiu do barco. (Ver Mt 14.) Os outros estavam assustados demais para falar, mesmo após Jesus ter dito "Não tenham medo. Sou Eu." Eles estavam pensando "Não não! Eu não vou sair desse barco!" Mas Pedro disse "Senhor, se és Tu, deixe-me ir até aí." (Ver verso 28.)

Concedido. Após alguns minutos andando sobre as águas, Pedro começa a afundar. Muitas vezes, a mesma coisa acontece quando damos um passo de fé. Nem sempre é algo ruim, pois aprendemos a depender de Deus, um passo após o outro. Apesar das vezes em que afundamos, eu preferiria ficar molhado por ter andado sobre as águas do que ficar seco por ter ficado no barco!

Ele possuia a habilidade de permanecer focado na missão.

Abrão poderia ter mudado de ideia. Poderia ter tido outros planos, principalmente depois que sua esposa começou a ponderar em voz alta o que aconteceria com eles se deixassem Ur e fossem para o deserto.

Porém, Abrão permaneceu firme, e continuou fazendo as malas. Ele não se preocupou com sua idade avançada ou com as outras razões que poderia ter usado para justificar sua permanência no vale de Ur.

Ele não mudou de ideia quando estavam partindo, mas poderia ter feito isso. Ele teria o direito de voltar, pois ninguém o havia expulsado de sua terra. Mas Abraão não mudou de ideia, mesmo sabendo que eles não iriam ter um endereço fixo muito em breve. Dali em diante, eles já não tinham um estilo de vida fixo, eram nômades. No entanto, Abraão escolheu obedecer a Deus, e não deixou que os desafios de seu novo estilo de vida estremecessem sua decisão.

Diferentes tipos de problemas surgiram várias vezes. Abraão poderia ter decidido que tudo aquilo não valeria a pena. Por que razão Deus o havia enviado para perseguir o incerto no deserto? Ele não revelou o *porquê*, apenas disse: *VÁ!*

Ele possuía a habilidade de completar a missão.

Porque ele tinha a habilidade de ouvir Deus e crer Nele, e porque ele tinha a habilidade de renunciar à sua segurança e permanecer focado em sua missão, Abraão teve a mais importante habilidade – a de *completar* a missão.

Ele nunca havia feito algo parecido antes. Demorou *anos*. Envolveu missões adicionais. Abraão tinha que ouvir Deus, crer Nele, e obedecê-Lo a fim de cumprir a missão de posicionar-se para o futuro. Ele não esperou até que todas as suas perguntas fossem respondidas. Ele foi entendendo as coisas conforme elas aconteciam, uma de cada vez. Ele manteve seu foco, apesar de nem sempre fazer tudo perfeitamente (sempre penso naquela ocasião no Egito em que ele apresentou sua esposa como se fosse sua irmã.)

A habilidade mais importante de todas é a de completar a missão.

A principal coisa sobre Abraão era que ele seguiu em frente e não recuou. Acho que Deus gosta de alguém assim, alguém que corre riscos, mesmo se forem bobos às vezes. Se todas as suas perguntas tiverem que ser respondidas antes de dar um passo de fé e obedecer a Deus, você nunca fará nada.

Provavelmente, é por causa disso que Jesus escolheu Pedro para pregar aquela mensagem poderosa sobre Pentecostes. Ele sabia que Pedro ousaria correr aquele risco. Pedro era aquele que havia arriscado tudo ao sair do barco, aquele que falava alto, aquele que cortava a orelha das pessoas.

Creio que quando Jesus estava procurando pelo melhor candidato para pregar aquela mensagem, ele escolheu Pedro porque sabia que ele iria em frente com tudo. Ele simplesmente sairia e começaria a pregar: "Esses homens não estão bêbados, como vocês supõem. O que aconteceu foi o seguinte..." (Atos 2). Pedro teve a habilidade de cumprir a missão. Sua habilidade vinha de sua personalidade e de sua reação às situações.

Sua habilidade de completar a missão também era resultado de sua *perseverança* e *criatividade*. Pedro não desistia e, com a ajuda de Deus, ele sempre transformava a situação mais difícil em algo novo e bom.

Sacuda-se e comece a pisar.

Essas duas palavras, *perseverança* e *criatividade*, lembram-me da história da mula que caiu num poço.[2] Quando o dono da mula viu o que havia acontecido, pensou consigo mesmo, "Não consigo retirá-la. É impossível." Então, ele decidiu enterrá-la. Pegou uma pá, e começou a jogar terra naquela pobre mula.

No primeiro instante a mula ficou histérica. "Ajuda-me, Deus! Ele vai me enterrar viva!" Ela teve uma ideia fantástica. Disse a si mesma: "Vou me sacudir e pisotear a terra que cair de mim." Logo, enquanto seu dono jogava terra, hora após hora após hora, a velha mula se sacudia e pisava na terra. Após muito tempo, enquanto o dono ainda jogava terra lá dentro, a mula apareceu no topo do monte de terra, triunfante.

A vida irá nos enterrar ou nos abençoar. Depende do que faremos. Perseveraremos? Quando jogarem terra onde estivermos, a transformaremos em fertilizante e continuaremos subindo? Quando a terra começar a cair sobre você, se sacuda, pise nela, e comece a subir!

Preparar, Apontar, Fogo

Talvez você se lembre de como, quando Elias estava prestes a ser levado ao céu, Eliseu pediu uma porção dobrada do espírito do seu mestre, e a recebeu.

Eliseu continuou a fazer inúmeras façanhas, e eventualmente tornou-se um homem velho. É daqui que eu quero começar a história, pois parte da missão da "porção dobrada" de Eliseu era declarar vida ao rei de Israel acerca de uma de *suas* missões, mas a resposta do rei não foi ousada o suficiente para satisfazer Eliseu:

> Ora, Eliseu estava sofrendo da doença da qual morreria. Então Jeoás, rei de Israel, foi visitá-lo e, curvado sobre ele, chorou gritando: "Meu pai! Meu pai! Tu és como os carros e os cavaleiros de Israel!" E Eliseu lhe disse: "Traga um arco e algumas flechas"; e ele assim fez. "Pegue o arco em suas mãos", disse ao rei de Israel. Quando pegou, Eliseu pôs suas mãos sobre as mãos do rei e lhe disse para abrir a janela que dava para o leste e atirar. O rei o fez, então Eliseu declarou: "Esta é a flecha da vitória do Senhor, a flecha da vitória sobre a Síria! Você destruirá totalmente os arameus, em Afeque". Em seguida Eliseu mandou o rei pegar as flechas e golpear o chão. Ele golpeou o chão três vezes e parou. O homem de Deus ficou irado com ele e disse: "Você deveria ter golpeado o chão cinco ou seis vezes; então iria derrotar a Síria e a destruiria completamente. Mas agora você a derrotará somente três vezes".
>
> — 2 REIS 13:14-19

Gostaria de fazer uma observação aqui. A verdadeira vitória não acontece no campo de batalha, mas nos bastidores. A verdadeira vitória é alcançada em nossa vida particular, dentro do nosso próprio quarto. Alcançamos-na primeiramente em nosso interior, e depois vemos a evidência disso no campo de batalha.

Então, Eliseu estava em seu quarto com o Rei Jeoás, e disse a ele: "Pegue o arco e as flechas." Ele as pegou ali, num local privado. É como quando pegamos nossas armas de oração todos os dias em particular. O que fazemos com elas é importante. Nosso sucesso ou derrota públicos refletem o que acontece em nossa vida particular. Os dois sempre estão coordenados; o público manifesta o privado.

O rei pegou suas armas, mesmo estando apenas no quarto de Eliseu e não no campo de batalha lutando contra a Síria. Da mesma forma, Deus quer que peguemos nossas armas em nosso momento particular de oração.

Ninguém estará olhando. Será somente nós e Deus. E aí que acontece a real transação do negócio. É onde realmente *pegamos* nossas armas, pois não faz sentido fingir nada. Não importa se não temos muita experiência como guerreiros.

Jeoás era um rei antigo, e estava perdendo no campo de batalha. Eliseu era um homem velho, e um profeta; ele nunca havia sido um guerreiro. Porém, os dois poderiam obedecer à palavra do Senhor se quisessem.

O rei pegou o arco e a flecha e atirou pela janela uma vez, como Eliseu havia dito. Até aí, muito bom. O diabo preferiria que ele tivesse isolado--se em casa, sem esperanças e sem ajuda. Mas Jeoás fez o que Eliseu lhe havia dito para fazer – abriu os olhos e focou fora da janela, e então atirou a flecha.

O mesmo acontece conosco, exceto que nossas "flechas" são nossas palavras. Nossas flechas são nossa confissão, adoração, e oração. Precisamos deixá-las voar de nós. Precisamos enviar nossas palavras para a direção que queremos elas sigam. Ou seja, devemos começar a declarar vitória quando o que vemos é derrota. Devemos declarar cura quando estamos doentes. Devemos começar a declarar bênção e prosperidade quando não temos nada. Devemos declarar vida quando sentimos que estamos morrendo. Devemos marchar quando temos vontade de desistir. É assim que atiramos nossas flechas de palavras.

Às vezes temos apenas que dizer "Vou atirar minha flecha!" Ninguém pode fazer isso por nós – nem nosso pastor, nem nosso cônjuge.

Eliseu não atirou as flechas para o rei, mas disse a ele o que fazer, e o rei teve que agir sozinho.

Depois que o rei atirou uma flecha, Eliseu lhe disse para pegar as outras e começar a atirá-las no chão. Isso não fazia mais sentido do que atirar uma flecha pela janela, mas o Rei Jeoás obedeceu. Ele atirou três vezes no chão e parou. Agora esses Sírios irão ver!

Eliseu ficou furioso. Para um homem velho, ele ainda conseguia ficar bravo. Ele disse: "Por que você parou?" Porque se ele tivesse continuado golpear o chão, teria assegurado vitória completa sobre seus inimigos. Mas ele parou bem antes disso. Então, ele iria vencer apenas algumas batalhas, mas não venceria a guerra.

Antes de julgarmos o rei, precisamos analisar nosso modo de fazer as coisas. Não fazemos isso também, às vezes? Paramos antes do melhor de Deus. Pensamos que três vezes é o suficiente. Não parece que algo está acontecendo, então desistimos. Talvez Deus tenha dito a você: "Continue pregando, pregando, e pregando, um domingo após o outro, semana após semana", mas sua congregação continua pequena, e parece que ninguém tira proveito das suas mensagens. Nada parece melhorar, então você para.

O diabo tem o seu número.

Não pare. Você precisa continuar fazendo o que Deus lhe disse para fazer. E precisa fazê-lo com *intensidade*! Às vezes quando estamos prestes a avançar, é mais importante ainda continuar. Muitas pessoas desistem quando estão bem perto da conquista. Esse pode ser o momento mais desencorajador de todos.

Ao invés de recuar, diga "Estou perto perto demais para desistir agora." É preciso perceber que o diabo tem o seu número, e como ele trabalha contra você. É como se ele tivesse convocado seus demônios para uma reunião e perguntado: "Qual é nossa maior arma contra essa pessoa?" Alguns demônios sugerem ganância, luxúria, ou as coisas mais comuns, mas um deles diz "Nossa maior arma contra o crente é o desencorajamento." E é isso que ele usa para nos fazer desistir, especialmente pouco antes de cruzarmos a linha de chegada.

Na próxima vez que você se sentir desencorajado, não desista. Isso significa que o diabo está tão desesperado para parar você que enviou sua arma mais poderosa para tentar fazê-lo desistir. Levante-se e agradeça a Deus: "Obrigado, Senhor! Obrigado, Jesus! Eu realmente devo estar incomodando o diabo, eu devo estar chegando perto de algo importante – pois me sinto tão desencorajado!"

O diabo não sabe o que fazer com um filho de Deus que fala assim. Tomamos o controle do que ele tentou usar para nos destruir e transformamos em algo bom. Ficamos encorajados a partir do nosso desencorajamento!

Não Deixe Seu Sonho Morrer

Há mais um maravilhoso detalhe na história do Rei Jeoás e de Eliseu. Não tem a ver com a questão militar, que funcionou assim como foi predito através das flechas. É sobre o próprio Eliseu, que havia perseguido seu sonho fielmente, durante toda sua vida, e que havia separado um pouco do seu tempo para ajudar o rei.

O fim de sua vida chegou logo depois que ele ajudou Jeoás. Ele já estava doente quando o ajudou, e logo depois morreu.

Será que Eliseu percebeu que não havia atingido a marca da "porção dobrada" ainda? Se contarmos os milagres que seu mestre, Elias, havia feito e depois contarmos o número que Eliseu fez, veremos que Elias fez sete grandes milagres antes de ser levado ao céu. Então, Eliseu vestiu seu manto, e começou a fazer milagres. Ele fez sete, e continuou fazendo mais milagres. Fez oito, nove, dez, onze, e doze. Havia feito o décimo terceiro quando morreu.

Ele estava em seu leito de morte, com um milagre a menos de catorze, o dobro de sete. A porção dobrada havia sido a promessa de Deus para ele. Ter uma "porção dobrada" do espírito feitor de milagres de Elias era o sonho de Deus para Eliseu. Podemos pensar também que talvez ele pudesse ter feito mais um milagre se não tivesse parado para ajudar Jeoás. De certa forma, Eliseu morreu ajudando alguém a alcançar seu sonho de vitória.

A mesma coisa pode acontecer conosco quando escolhemos doar do nosso déficit. Encorajamos alguém mesmo quando estamos desencorajados. Quase nos sentimos hipócritas, pois as coisas não estão indo tão bem na nossa vida. Oramos pela cura de alguém, mesmo quando estamos doentes, ou damos nossa última moeda mesmo com grande pressão financeira sobre nós. Deixe-me lhe dizer uma forma instantânea de ficar desencorajado. Entre num quarto e pense somente em si mesmo, em mais nada. Em questão de segundos você ficará desencorajado.

Quando ajudamos alguém, isso nos faz bem porque tiramos o foco de nós mesmos, Deus tem prazer em nós, e nosso desencorajamento vai embora.

Uma forma instantânea de ficar desencorajado é pensar somente em si mesmo.

Então, é como se Eliseu tivesse morrido tendo dado seu último milagre a alguém. As pessoas levaram o corpo dele, e colocaram-no numa cova. (Posso imaginá-las começando a escrever numa pedra "Ele quase alcançou sua porção dobrada.") Logo depois, algumas pessoas vieram para enterrar outro corpo no mesmo cemitério. Nesse instante, um tropa Moabita surgiu. Tiveram que se desfazer desse corpo rapidamente, então o jogaram por cima do corpo de Eliseu em seu túmulo.

Veja o que aconteceu:

> Então Eliseu morreu e foi sepultado. Ora, tropas moabitas costumavam entrar no país em todas as primaveras. Certa vez, enquanto alguns israelitas sepultavam um homem, viram de repente uma dessas tropas; então jogaram o corpo do homem no túmulo de Eliseu e fugiram. Assim que o cadáver encostou nos ossos de Eliseu, o homem voltou à vida e se levantou.
>
> — 2 Reis 13:20-21

Eliseu não reviveu, mas o *outro* morto sim. O que aquele homem que estava morto deve ter pensado quando se viu caminhando com seus próprios pés de repente? Aposto que que aqueles coveiros devem ter saído correndo também!

Quando aquele cadáver encostou nos ossos de Eliseu, aconteceu o décimo quarto milagre! Porção dobrada!

O diabo pode até ter achado que havia conseguido roubar a porção dobrada de Eliseu, mas não foi o que aconteceu no final. Deus foi quem riu por último. Ele foi fiel à Sua palavra. Eliseu de fato recebeu porção dobrada dos sete milagres de Elias, apesar de o último ter acontecido quando ele estava em seu túmulo!

174

Deus foi fiel. O sonho de Eliseu não morreu com ele. Esse é o Deus a quem servimos!

Sonhos ungidos

Na história de Jacó e seu sonho da escada de anjos, Jacó acordou e disse "Sem dúvida o Senhor está neste lugar, mas eu não sabia" (Gn 28:16). Ele estava fugindo dos seus inimigos, e Deus o abençoou. Ele começou a ver sua vida com novos olhos, e sabia que Deus o preservaria porque tinha um futuro para ele.

Então o que ele fez? Pegou um pouco de óleo, e ungiu a pedra que estava usando como travesseiro. Seu sonho aconteceu quando sua cabeça estava sobre aquela pedra. Ele queria transformar aquele lugar de dificuldade num memorial da absoluta fidelidade de Deus. O Senhor havia falado com ele ali, e lhe havia prometido aquele pedaço de terra para posteridade, além de prometer que sua descendência seria *incontável* e que "todas as famílias da terra" seriam abençoadas através dela (Gn 28:13-15).

O sonho de Jacó era um pouco parecido com a porção dobrada de Eliseu. Na vida dos dois, *Deus* seria Aquele que receberia a maior glória, pois Sua fidelidade perduraria após suas vidas e respingaria nas vidas de seus descendentes como óleo ungido.

Jacó ungiu o local de seu sonho como testemunho da absoluta fidelidade de Deus. E então passou a viver sua vida à luz daquele conhecimento. Nós podemos fazer a mesma coisa. Grande parte do cumprimento do sonho de Jacó também aconteceu depois de ele ter partido.

Qual é o sonho que Deus lhe deu? Qual sonho *novo* ele adicionou aos antigos? O que Deus disse que deseja fazer com você?

Seja o que for, Deus é fiel ao que diz, e Sua Palavra é verdadeira. Ele fará com que você caminhe no propósito do seu sonho se você disser sim a Ele. Diga sim, e então faça algo para sempre lembrar aonde está indo. Acima de tudo, continue lembrando do quanto Deus é fiel. Ele mantém seu sonho vivo até sua morte e depois dela. Nosso Deus Fiel é digno de toda palavra de adoração que podemos proclamar!

REVISÃO

Velho Demais? Nunca!

- Porque você está *aqui*, pode ter certeza de que Deus tem um plano e um propósito para sua vida, seja você jovem ou velho.

- Abraão fez as malas e partiu com sua esposa e seus dependentes para uma vida nômade. A única razão pela qual ele fez isso foi devido às seguintes características importantes. Ele possuía:

  - Habilidade de ouvir Deus
  - Habilidade de crer no que Deus disse
  - Habilidade de renunciar à segurança por causa da missão de Deus
  - Habilidade de permanecer focado na missão
  - Habilidade de completar a missão.

- Abraão corria riscos, assim como Eliseu e Pedro. E você?

- Deus sempre será fiel a Sua Palavra. Ele é tão fiel que continuará cumprindo Sua palavra mesmo após nossa morte, como fez com Eliseu e Jacó.

Capítulo 12

GUARDE SUA
VARA DE MEDIÇÃO

O nome deste livro é *ACREDITE, VOCÊ PODE*. Você consegue acreditar que você pode? Você consegue acreditar na mensagem deste livro para sua vida? Você crê que consegue alcançar seu mais alto potencial? Você crê que todas as coisas são possíveis – para *você* – com seu Deus Todo Poderoso?

Após todos esses capítulos, espero que você tenha podido não só identificar o sonho de Deus para sua vida, mas que também o esteja *vivendo* neste minuto. Se você acha que ainda está hesitante quanto a isso, ponha seu livro de lado e comece a declarar vida sobre seu sonho.

Diga: "Sonho, *viva*! Em nome de Jesus, venha cheio de vida e tire suas vestes de morte. Sonho, chamo você da escuridão. Não é seu tempo de morrer nem dormir, pois Deus está vivo e eu *estou* vivo. Eu ordeno, sonho, viva. Viva!"

Não podemos criar ou escolher nosso próprio sonho, pois ele vem de Deus. Mas podemos escolher deixá-lo viver e florescer. Podemos decidir correr com ele. Podemos tomar posse do nosso destino.

Não pudemos escolher nossos pais. Não pudemos escolher como viemos ao mundo. Mas podemos escolher ser abençoados. Podemos dizer sim ao plano de Deus para nossa vida. Fomos criados para um propósito, e Deus deseja que andemos nele.

Quando nosso Criador Deus nos fez e nos colocou no ventre da nossa mãe, Ele pegou tudo o que agora consideramos positivo sobre nós mesmos e acrescentou isso também. Colocou os dados em Seu computador, por assim dizer, e apertou um botão, e daí surgiu o que chamamos de nosso "chamado celestial" (Fp 3:14). Dali veio o maravilhoso plano que Deus tem para nossa vida. Ele o trancou dentro de nós e fez duas chaves – uma para você e uma para Ele.

Fomos criados para um propósito, e Deus deseja que andemos nele.

Então, Ele nos colocou num ambiente que alcança os profundos lugares na nossa alma e no nosso espírito. Ao crescermos e começarmos a despertar nosso chamado, pegamos nossa chave. Como uma chave só não é suficiente, procuramos pela outra. Temos certeza de que ela está com Deus, e nos determinamos a pegá-la com Ele.

Quanto mais O buscamos, mais perto chegamos; realmente chegamos, apesar de às vezes parecer um pique-esconde divino. Deus quer ser achado. Ele não vai dificultar para nós. Quando chegar o momento de nosso destino vir à tona, ele virá. A emoção da descoberta só será ultrapassada pela emoção da realização quando tivermos terminado a corrida da vida. A satisfação que sentimos sempre aumenta pelo fato de que tivemos que trabalhar por algo. Temos que prosseguir, sempre seguindo Sua voz suave.

Em qualquer caso, nunca é tarde demais. O tempo de Deus é perfeito. Ele nunca se atrasa, nem por um milésimo de segundo. Creia que Ele pode lhe revelar seu sonho, e que Ele pode acompanhar você até o fim. Creia que *você* pode segui-Lo nesse longo caminho. Você pode!

Deus Sabe o que Está Fazendo

Coloque sua fé no lugar certo. Coloque-a em Deus. Ele é Aquele que sabe o que está fazendo. Não coloque sua fé em outro alguém. As outras pessoas somente podem apontar o caminho para Ele após colocarem sua fé Nele.

Talvez você olhe para sua vida agora e diga "Jentenzen, não vejo muita evidência do que você está dizendo. Estive prestando atenção, mas ainda não consigo ver. Ainda tenho os mesmos problemas. Não consigo ver a bênção."

Bem, eu lhe diria o que tenho dito ao longo deste livro: Continue avançando. Você não é a exceção no Reino de Deus. Não existem exceções no Reino Dele. Deus sabe o que está fazendo com você. Ele ama você. Talvez sua vida esteja agora no tempo dos "pequenos começos". Lembra-se daquele versículo bíblico sobre não desprezar os pequenos começos? (Ver Zc 4:10).

Eu li em algum lugar que quando a empresa da Coca-Cola começou em Atlanta, vendeu quatrocentas garrafas de Coca em seu primeiro ano. (Hoje, conheço pessoas que bebem essa quantidade sozinhas em um ano!) Se eu tivesse sido o presidente da Coca-Cola, talvez tivesse desistido após um começo tão fraco como aquele. Porém, eles não desistiram. Continuaram avançando e alcançando velocidade. Agora, em todo lugar do mundo aonde vou, vejo propagandas da Coca-Cola. Em 2007, foram vendidas 22,7 bilhões de unidades de Coca.[1] Foi bom eles não terem desprezado os pequenos começos.

Ainda bem que Simão Pedro não largou a bola todas as vezes que o Senhor a jogou para ele, apesar de tê-la deixado cair algumas vezes. Se ele tivesse duvidado de sua visão ou vacilado na fé, milhões de almas por gerações teriam sido afetadas. Deus sabia o que estava fazendo quando escolheu Simão Pedro e quando o colocou diante das coisas que ele teve que ver e dizer. Pedro disse sim a Deus, e resto é história – eventos tão importantes que foram relatados para nós no Novo Testamento. Ele não abandonou sua tarefa, mesmo diante das dificuldades e de seus erros.

Deus sabe o que está fazendo – em todo tempo. Ele não cochila - nada passa despercebido por Ele. Ele é fiel e sempre faz o que disse que faria. Seja no tempo de deserto, de plantio, ou de colheita, o Senhor está conosco. Ele é Aquele que tem a chave para o nosso coração e para o nosso futuro.

Ao longo do tempo, perceberemos que nosso peso se tornou nossa paixão.

Quando é a hora de alguma coisa acontecer, Ele se certificará de fazê-la acontecer, mesmo que seja devagar com o degelo da primavera ou rápido como o parto normal de um bebê no banco de trás de um táxi. Quando for o tempo, será o tempo – tempo de sua visão vir à tona e de você abraçá-la. Deus tem um plano para você, e já está em ação agora.

Aquele que corre poderá ler.

Vamos recordar as etapas da nossa visão, sobre as quais falamos no capítulo 1, onde eu citei essa passagem que resume muito bem como nossos sonhos e visões vindos de Deus funcionam:

Então o Senhor respondeu: "Escreva claramente a visão em tabuinhas, para que se leia facilmente. Pois a visão aguarda um tempo designado; ela fala do fim, e não falhará. Ainda que se demore, espere-a; porque ela certamente virá e não se atrasará... o justo viverá pela sua fidelidade."

— HABACUQUE 2:2-4

Habacuque nos mostra que a nossa visão começa com um peso em nosso espírito. Ao longo do tempo, se tornará cada vez mais clara. Daí, perceberemos que nosso peso se tornou nossa paixão. E, então, em vez de carregá-lo como um peso, ele começará a nos carregar.

Entretanto, isso não significa que a jornada será suave. Enfrentaremos impedimentos e obstáculos e todos os tipos de aborrecimentos. Nosso caráter será lapidado e formado durante o processo, e cresceremos na fé. Uma das formas como saberemos que temos a visão certa, é vendo se ela é maior do que nós. Ela ainda estará em nosso pensamento, mesmo quando parecer que estamos vivendo a Terceira Guerra Mundial.

Apenas mantenha o foco nela e no Senhor que lhe deu sua visão. Você terá que dar cada passo pela fé. Os passos de fé são os únicos passos que nos levam a algum lugar. Mantenha os olhos Nele e no sonho que Ele lhe deu, e ande "nos passos da fé que teve nosso Pai Abraão" (Rm 4:12).

Outra forma de saber que temos a visão certa é que estaremos de alguma forma conectados com o amor de Deus e com a colheita do reino. Talvez seja algo que pareça pequeno. Nem todo mundo pode ser chamado para pregar em estádios lotados. Talvez sua tarefa esteja nos bastidores. Pode parecer bastante ordinária, mas se tiver o selo de aprovação de Deus, será especial.

Por último, mas não menos importante, é uma boa ideia seguir o conselho de Habacuque – escreva sua visão. Então, quando a vida ficar agitada, você não perderá a direção. Quando se deparar com uma bifurcação no caminho, saberá para onde ir. E, quando precisar se firmar na paciência e na perseverança, terá alguma referência.

Habacuque sabia do que estava falando. Ele teve uma experiência em primeira mão. Graças a Deus que ele escreveu esse conselho que pode ser lido até hoje.

Nosso Deus não nos deixará abatidos, pois isso iria contra o Seu caráter. Acredite, você pode porque *Ele* pode. Você *pode* depender Dele!

Guarde Sua Vara de Medição

Seja qual for a etapa do processo em que você esteja, não coloque limites no que Deus pode fazer! Ele é infinito, assim como as possibilidades que Ele dá às pessoas. O problema é que temos uma forte tendência de colocar limites Nele, principalmente quando se trata dos nossos sonhos e visões. Pensamos que somos a autoridade final de nossa vida e sabemos o que é melhor e o que é realístico.

Acredite, você pode porque Ele pode. Você pode depender Dele!

Tenha cuidado para não acabar ficando contra Deus apenas porque você acha que sabe o que está fazendo. O próprio Deus não quer que fiquemos nos medindo ou medindo as circunstâncias da nossa realidade. Como eu sei disso? Está escrito na Bíblia o que Ele pensa sobre "medição": "Olhei em seguida, e vi um homem segurando uma corda de medir. Então o anjo que falava comigo retirou-se, e outro anjo foi ao seu encontro" (Zc 2:1-3).

Veja essa cena em sua mente. Havia um jovem que pegou uma corda de medir porque ele iria tentar medir o que Deus estava fazendo na cidade de Jerusalém. *Deus ficou incomodado com aquilo* a ponto de enviar um anjo do céu para impedi-lo. O anjo disse ao homem: "Filho, que você está fazendo?" e o homem respondeu que iria medir a largura e altura de Jerusalém para ver o que Deus estava fazendo na terra. Então, o anjo lhe disse: "Guarde sua vara de medição, filho, pois tudo com o que Deus está envolvido é *imensurável.*"

Deus não queria que ninguém colocasse limites no que Ele poderia fazer ou faria. Ele sabia que quando as pessoas começassem a medir a cidade, definiriam suas fronteiras e colocariam Deus numa caixa. Suas medidas definiriam o que achavam que Deus seria capaz de fazer.

No contexto de um livro sobre descobrir e seguir a visão de Deus para sua vida, essa ideia de linhas de medida têm muita aplicação, pois ao invés de acreditar que podemos cumprir o que Deus nos deu para fazer, colocamos limites em tudo. Na teoria, podemos crer que Deus pode fazer o impossível, mas na prática colocamos barreiras.

Deus diz: "Eu usarei você", e nossa primeira resposta é "Mas sou da pior parte da cidade. Não tenho escolaridade. Meu pai abandonou minha família quando eu era criança. Tenho tantas deficiências..."

Você não acha que nossa resposta deveria ser parecida com a de Maria? O anjo lhe disse que ela ficaria grávida apesar de ser virgem e que ela daria luz ao Filho de Deus. Ela ficou assustada, mas não falou nenhuma frase de objeção. Sua resposta foi "Como acontecerá isso se sou virgem?... Sou serva do Senhor, que aconteça comigo conforme a tua palavra" (Lc 1:34, 38). Sem "mas", nem "se". Ela não colocou limites em Seu Deus ilimitado.

A vara de medição dos fariseus

É como se tivéssemos um "espírito de fariseu" em nós. Digo isso porque, na época de Jesus, os fariseus eram os "medidores" profissionais.

Deus talvez lhe tenha dito: "Ungi seu filho para Me servir de uma forma especial." Mas você imediatamente pega sua vara de medição e começa a medir seu filho e faz marcações. Elas não são feitas em centímetros, mas dizem coisas tais como "distúrbio de aprendizagem", "sem perfil universitário", e "sem interesse em Deus". Então, você mede seu filho e acha que ele não é capaz – em *sua* estimação. Como resultado, a palavra de Deus é jogada fora sem nenhuma consideração.

O espírito fariseu gosta de passear pelas igrejas. Gosta de pegar a régua e sair por aí medindo as pessoas e dizendo "Hum... Que bela roupa. Mas você usava drogas, não usava? Você não tem um passado conturbado? Ouvi dizer que você é divorciado. Não espero muito de você."

Sei que você já fez esse tipo de coisa, pois eu mesmo já fiz. Todos nós já fizemos, e já fomos vítimas disso também, às vezes inclusive em nome da "humildade". Quando o anjo disse a Gideão "O Senhor está com você, poderoso guerreiro" (Jz 6:12), Gideão estava com sua vara de medição pronta para ser usada naquela declaração. A resposta dele foi praticamente espontânea: "Sou o menor da minha família..." (Jz 6:15). E daí? Por que isso é relevante?

Quando Deus nos chama para fazer algo, e principalmente quando envia Seu anjo emissário especial, não acho que Ele precisa consultar nossa família primeiro. Não importava nem um pouco o status da família de Gideão. Já que o anjo foi até ele para fazer aquela declaração, era o momento de Gideão dizer: "Tudo bem, então. Mostre-me o que devo fazer."

O único conceito de medida do qual precisamos é o da infinita habilidade e capacidade de Deus. O chamado do Senhor substituirá todas as outras coisas em sua vida. Ele é imensurável, assim como tudo o que faz.

Suprimento ilimitado

Talvez você tenha olhado suas contas recentemente. Talvez tenha olhado novamente na noite passada. E depois olhou para o seu contracheque e viu que não é suficiente para pagá-las. Pegou sua vara de medição e disse, assim como os discípulos disseram antes de o Senhor multiplicar os cinco pães e os dois peixes para alimentar mais de cinco mil pessoas: "Mas o que é isto para tanta gente?" (Jo 6:9). Um dos discípulos ainda disse "duzentos denários não comprariam pão suficiente para que cada um recebesse um pedaço." (Ver Jo 6:7 e Mc 6:37). Sua versão é a seguinte: "O que é esse pagamento tão pequeno diante de tantas contas? Mesmo se eu tivesse dois empregos não seria suficiente."

O único conceito de medida do qual precisamos é o da infinita habilidade e capacidade de Deus.

Isso é uma mentalidade de vara de medição. Contra nossa limitada versão das possibilidades, temos Deus. Ele tem a "mentalidade máxima". Precisamos parar de aplicar nossa mentalidade mínima ao nosso Deus máximo. Precisamos parar de medir nossa capacidade de ganho a partir do que ganhamos no ano passado ou do que alcançamos na área profissional. Isso apenas coloca uma tampa no que Deus pode fazer.

Ele é um Deus de aumento, de abundância. Se confiarmos a Ele tudo o que temos, e começarmos a obedecê-Lo quando nos diz o que fazer, começaremos a ver o aumento. Livre-se de sua vara de medição. Venda-a ou algo parecido. Tire-a da sua casa!

Não meça a si mesmo em relação a um milagre.

Não se deixe influenciar pelas pessoas a sua volta que dizem "Deus pode ser poderoso o bastante para fazer qualquer coisa, mas não acho que Ele esteja fazendo algo hoje em dia. Ele costumava curar, libertar, prover sobrenaturalmente, chamar pessoas. Mas não se anime, é meio ultrapassado pensar que Ele ainda fará essas coisas atualmente."

Não impeça que o milagre aconteça em sua vida. Não seja como os israelitas que deveriam ter mais conhecimento porque já haviam vivido muitos milagres, mas, ao invés, disseram "Poderá Deus preparar uma mesa no deserto?" (Sl 78:19).

É claro que eles não tinham nenhuma comida à vista. No deserto não havia restaurantes nem lanchonetes. Não havia lojas de conveniência. E eles estavam genuinamente precupados com a possibilidade de morrerem de fome. Porém, isso não deveria ter feito com que concluíssem que Deus era limitado para ajudá-los. O Senhor podia e proveu para eles. Ele foi maior do que a fome e a sede do povo, e ainda o é hoje.

Ou, se trouxermos isso para o tempo de Jesus, vejamos como viviam as pessoas em Nazaré , a cidade natal de Jesus. Os Evangelhos nos dizem que, quando Jesus chegou a Sua cidade, não pôde fazer progresso contra as "varas de medição" de seus conterrâneos:

Chegando à sua cidade, começou a ensinar o povo na sinagoga. Todos ficaram admirados e perguntavam: "De onde lhe vêm esta sabedoria e estes poderes miraculosos? Não é este o filho do carpinteiro? O nome de sua mãe não é Maria, e não são seus irmãos Tiago, José, Simão e Judas? Não estão conosco todas as suas irmãs? De onde, pois, ele obteve todas essas coisas?" E ficavam escandalizados por causa dele. Mas Jesus lhes disse: "Só em sua própria terra e em sua própria casa é que um profeta não tem honra". E não realizou muitos milagres ali, por causa da incredulidade deles.

— MATEUS 13:54-58

O povo daquela cidade olhou apenas para a evidência. Seus filhos não haviam brincado com Jesus quando eram crianças? Ele não era o filho de Maria, aquela que ficou grávida antes de casar? Além de ser ilegítimo, Ele fazia refeições com pecadores e bêbados. Uma multidão de pessoas imundas seguia-O, inclusive algumas prostitutas. Obviamente, Ele era apenas um nazareno normal, exceto por ser um pouco peculiar. Então, aquele povo perdeu os milagres de que precisava – sem ao menos tentar.

O que Jesus fez? Ele simplesmente foi para próxima cidade, e para a próxima. Em todos os *outros* lugares aos quais Ele foi, curou muitos. (Veja, por exemplo, Mateus 4:24; 12:15; Lucas 4:40; 6:19.) Sem dúvidas, a pouca fé que Ele encontrou em Nazaré tinha a ver com o nível de milagres lá. As varas de medição das pessoas cortavam sua fé a ponto de não deixá-la grande o suficiente para Jesus operar.

Muito mais do que tornozelos

Podemos encontrar outra "vara de medição" no Livro de Ezequiel:

No vigésimo quinto ano do exílio, no início do ano, no décimo dia do mês, no décimo quarto ano depois da queda da cidade, naquele exato dia a mão do Senhor esteve sobre mim e ele me levou para lá. Em visões de Deus ele me levou a Israel e me pôs num monte muito alto, em cujo lado sul estavam alguns prédios que tinham a aparência de uma cidade. Ele me levou para lá, e eu vi um homem que parecia de bronze; ele estava de pé junto à entrada, *com uma corda de linho e uma vara de medir na mão.*

— EZEQUIEL 40:1-3, ÊNFASE DO AUTOR

O homem (ou anjo) levou Ezequiel a um passeio pelo templo e seus pátios, medindo tudo com sua vara de medir. Depois, quando foram ao lado leste, onde a água corria desde o templo, eles andaram por ela e o homem começou a medir sua profundidade:

O homem foi para o lado leste com uma linha de medir na mão, e, enquanto ia, mediu quinhentos metros e levou-me pela água, que batia no tornozelo. Ele mediu mais quinhentos e levou-me pela água, que batia na cintura. Mediu mais quinhentos e levou-me pela água, que chegava ao joelho. Mediu mais quinhentos, mas agora era um rio que eu não conseguia atravessar, porque a água havia aumentado e era tão profunda que só se podia atravessar a nado; era um rio que não se podia atravessar andando.

— EZEQUIEL 47:3-5

Note que enquanto continuavam a medir, podiam apenas chegar à profundidade do tornozelo, do joelho, e da cintura. Depois que andaram com a água na cintura, começou a ficar muito fundo; era um rio. Não podiam medi-lo, pois era fundo e largo, e suas margens exibiam árvores frutíferas. O rio não possuia limites, cheio de vida e bênçãos.

Se você aceitar seu campo de atuação no jogo, ninguém poderá limitar seu sucesso.

Essa é uma ilustração da nossa vida no Senhor – ilimitada em benção, imensurável. Se guardarmos nossa vara de medição e permitirmos que o Filho de Deus nos mostre aonde Ele quer que vamos, logo esqueceremos nossos limites.

O potencial do seu sonho é tremendo. Se você aceitar seu campo de atuação no jogo, ninguém poderá limitar seu sucesso. Deus é Aquele que decide quão "bem-sucedido" você será, pois "nem o que planta nem o que rega são alguma coisa, mas unicamente Deus, que efetua o crescimento" (1 Co 3:7). Você não pode fazer sua semente crescer mais do que pode fazer o sol brilhar. Sua vida está nas mãos Dele.

Ilimitado!

Uma vez que tenhamos tido crescimento em nossa vida, seremos capazes de reconhecer que não foi nosso brilho que o conquistou. Foi a mão de Deus. Ele poderia ter nos deixado em nosso campo como semeadores. Passaríamos a vida toda semeando e semeando outra vez. Mas Ele nos deu crescimento, e agora podemos ver a cena completa.

Deixe seu sonho viver, deixe-o fluir! Você também pode fluir com ele. Deus quer que agarremos nosso sonho para que no fim da nossa vida na Terra, possamos dizer como o apóstolo Paulo "não fui desobediente à visão celestial" (Atos 26:19). Guarde sua vara de medição, e deixe que Deus leve-o ao encontro de seu destino.

Acredite, você pode! "Pois nada é impossível para Deus"! (Lc 1:37).

REVISÃO

Guarde sua Vara de Medição

- Diga ao seu sonho: "Sonho, *viva*! Em nome de Jesus, venha cheio de vida e tire suas vestes de morte. Sonho, eu chamo você da escuridão. Deus está vivo e eu estou vivo. Eu ordeno, sonho, viva. Viva!"

- Deus sabe o que está fazendo. Quando for a hora de algo acontecer, Ele o fará acontecer, seja rápido ou devagar.

- As etapas de desenvolvimento do seu sonho de Deus são as seguintes: (1) Um peso cresce em seu coração e se transforma numa paixão. (2) Seu sonho será grande o suficiente para superar todos impedimentos. (3) Você mantém o foco no seu sonho e no Deus que o deu a você, andando pela fé em cada passo da sua jornada. (4) Se você perseverar, ultrapassará todos os obstáculos, e seu sonho se tornará realidade.

- Guarde sua vara de medição. Não há absolutamente nenhum limite para o que Deus pode fazer!

Oração

Pai,

Em nome de Jesus eu oro para que Sua paixão seja acesa em mim para que Sua visão e Seu sonho para minha vida se tornem claros a fim de que eu possa segui-los. Desejo encontrar meu lugar predestinado na colheita do Seu reino.

Qual é o sonho que o Senhor planejou para minha vida? Quero encontrar e cumprir o destino para o qual o Senhor me criou.

Quero confiar em Ti com fé completa para que possa destruir qualquer limitação rumo à vitória.

Dá-me a fé de que eu preciso para acreditar que eu posso!
Amém.

Notas

Seis
Transformando Limitações em Habilidades

1. Chickfila.com, "Company Fact Sheet," http://chickfila.com/#facts (acessado em 21 de julho de 2008).

2. Richest Americans," *Forbes*, #380, S. Truett Cathy, www.forbes.com/lists/2007/54/richlist07_S-Truett-Cathy_AARY.html.

3. Truett Cathy, *Eat More Chikin: Inspire More People* (n.p.: Looking Glass Books, 2002).

Sete
Vivendo na Zona de Fé

1. Da biografia de Tom Monaghan em American Dreams: Books, Speakers, and Events, http://www.usdreams.com/Monaghan7677.html (acessado em 9 de julho de 2008.)

2. Answers.com, "Biography: Tom Monaghan", http://www.answers.com/topic/tom_monaghan (acessado em 21 de julho de 2008).

3. Peter J. Boyer, "The Deliverer," *The New Yorker*, 19 de fevereiro de 2007, 88. Resumo em http://www.newyorker.com/reporting/2007/02/19/070219fa_fact_boyer (acessado em 9 de julho de 2008).

Nove
Continue Subindo

1. Wolfgang Saxon, "Joseph Fowler, 99, Builder of Warships and Disney's Parks," New York Times, 14 de dezembro de 1993, http://query.nytimes.com/gst/fullpage.html?res=9F0CE1DC1030F937A25751C1A965958260&scp=4&sq=Joseph%20Fowler&st=cse (acessado em 21 de julho de 2008.)

2. Disney Legends, "Joe Fowler", www.legends.disney.go.com/legends/detail?key=Joe+Fowler (acessado em 21 de julho de 2008.)

Onze
Velho Demas? Nunca!

1. "In the Garden" por C. Austin Miles. Domínio Público.

2. Narrado a partir de *Discovering Your Destiny*, por Bob Gass (Gainesville, FL:Bridge-Logos Publishers, 2001), 65.

Doze
Guarde sua Vara de Medição

1. The Coca-Cola Company, "Financial Overview," http//www.thecoca-colacompany.com/ourcompany/ar/financialoverview.html (acessado em 21 de julho de 2008.)

Para saber mais sobre o
Ministério de Jentenzen Franklin,
visite-nos em:

www.freechapel.org

www.jentezenfranklin.org

www.fastingmovement.org

www.forwardconference.org

Outros Livros de Jentezen Franklin

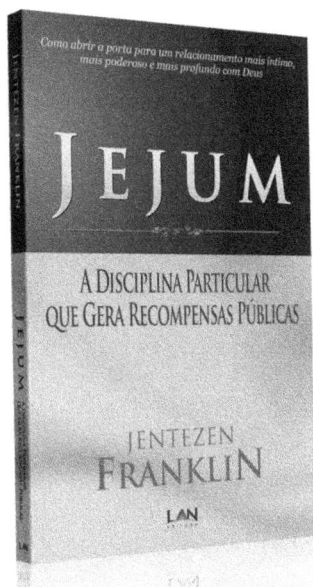

JEJUM - A DISCIPLINA PARTICULAR QUE GERA RECOMPENSAS PÚBLICAS

Quando você jejua, seu espírito fica desimpedido das coisas deste mundo e se torna tremendamente sensível às coisas de Deus. Quando começar a experimentar ainda que um pouco dessa sensibilidade e as incontáveis recompensas e bênçãos que seguem o jejum, sua perspectiva sobre ele será totalmente transformada.

Avance na jornada da série especial sobre JEJUM!

JEJUM - ABRINDO A PORTA PARA AS PROMESSAS DE DEUS

Em seu segundo volume, um dos melhores e mais abrangentes livros disponíveis sobre o tema, Jentezen Fanklin esclarece dúvidas ainda mais profundas sobre o jejum e revela como manter aberta a porta para um encontro íntimo com o Senhor e Suas bençãos.

www.ingramcontent.com/pod-product-compliance
Lightning Source LLC
Chambersburg PA
CBHW031840090426

42741CB00005B/307